ESTRATÉGIAS
DE APRENDIZAGEM

Dados Internacionais de Catalogação na Publicação (CIP)
(Câmara Brasileira do Livro, SP, Brasil)

Góes, Natália Moraes
  Estratégias de aprendizagem : como promovê-las / Natália Moraes Góes, Evely Boruchovitch. – Petrópolis, RJ : Vozes, 2020.

Bibliografia.

2ª reimpressão, 2024.

ISBN 978-65-571-3062-9

1. Aprendizagem 2. Estratégias de aprendizagem
I. Boruchovitch, Evely. II. Título.

20-41674   CDD-370.1523

Índices para catálogo sistemático:
1. Estratégias de aprendizagem : Psicologia
educacional   370.1523

Cibele Maria Dias – Bibliotecária – CRB-8/9427

NATÁLIA MORAES GÓES
EVELY BORUCHOVITCH

ESTRATÉGIAS
DE APRENDIZAGEM

Como promovê-las?

EDITORA
VOZES

Petrópolis

© 2020, Editora Vozes Ltda.
Rua Frei Luís, 100
25689-900 Petrópolis, RJ
www.vozes.com.br
Brasil

Todos os direitos reservados. Nenhuma parte desta obra poderá ser reproduzida ou transmitida por qualquer forma e/ou quaisquer meios (eletrônico ou mecânico, incluindo fotocópia e gravação) ou arquivada em qualquer sistema ou banco de dados sem permissão escrita da editora.

CONSELHO EDITORIAL

Diretor
Volney J. Berkenbrock

Editores
Aline dos Santos Carneiro
Edrian Josué Pasini
Marilac Loraine Oleniki
Welder Lancieri Marchini

Conselheiros
Elói Dionísio Piva
Francisco Morás
Gilberto Gonçalves Garcia
Ludovico Garmus
Teobaldo Heidemann

Secretário executivo
Leonardo A.R.T. dos Santos

PRODUÇÃO EDITORIAL

Aline L.R. de Barros
Marcelo Telles
Mirela de Oliveira
Otaviano M. Cunha
Rafael de Oliveira
Samuel Rezende
Vanessa Luz
Verônica M. Guedes

Conselho de projetos editoriais
Isabelle Theodora R.S. Martins
Luísa Ramos M. Lorenzi
Natália França
Priscilla A.F. Alves

Editoração: Maria da Conceição B. de Sousa
Diagramação: Sheilandre Desenv. Gráfico
Revisão gráfica: Alessandra Karl
Capa: Ygor Moretti

ISBN: 978-65-571-3062-9

Este livro foi composto e impresso pela Editora Vozes Ltda.

Sumário

Apresentação, 7

Parte I – Estratégias de aprendizagem metacognitivas – Como promovê-las no contexto educativo?, 13

1 O que são estratégias de aprendizagem? – Como fomentá-las nos diferentes segmentos da escolarização?, 15

2 A estratégia metacognitiva de planejamento – Como estabelecer metas de estudo e aprendizagem?, 31

3 O monitoramento metacognitivo e a estratégia de autoquestionamento – Suas vantagens para aprendizagem?, 47

4 As estratégias de regulação da motivação – Como ensinar os alunos a manter-se motivados no contexto educativo?, 64

Parte II – Estratégias de aprendizagem cognitivas – Como promovê-las no contexto educativo?, 81

5 Como sublinhar corretamente? – Os benefícios do sublinhar para aprendizagem, 83

6 Como elaborar bons resumos para estudar e aprender melhor?, 98

7 Os mapas conceituais e seu impacto na aprendizagem significativa – Da teoria à implementação desta estratégia, 111

Posfácio, 125

Agradecimentos, 126

Apresentação

As estratégias de aprendizagem são procedimentos utilizados para facilitar a aprendizagem. O termo "estratégias de aprendizagem" engloba diferentes classes de estratégias; entre elas, as cognitivas, ações realizadas no momento em que se precisa aprender um determinado conteúdo ou realizar uma dada tarefa, e as metacognitivas, que se referem ao planejamento, ao monitoramento e à regulação da própria aprendizagem.

As estratégias cognitivas podem ser classificadas como de ensaio, elaboração e organização. As de ensaio envolvem a ação de repetir a informação, seja oralmente ou por escrito para que ela seja aprendida; as de elaboração implicam a realização de conexões entre o conhecimento prévio e o novo, a ser adquirido; já as de organização consistem na imposição de uma nova estrutura ao material a ser aprendido, com a finalidade de que ele passe a ter mais significado para o estudante e potencialize sua aprendizagem.

As estratégias metacognitivas são subdivididas em planejamento, monitoramento e regulação. As estratégias de planejamento dizem respeito ao momento antes da realização de uma atividade, em que o estudante deve traçar um plano para a sua execução. As de monitoramento remetem ao autoquestionamento sobre a aprendizagem no decorrer da realização da tarefa. As de regulação consistem em realizar ajustes necessários, de forma a modificar o que funciona bem para aprendizagem, num determinado momento.

Pesquisas evidenciam a importância das estratégias de aprendizagem para o desempenho escolar e acadêmico bem-sucedido, para a aprendizagem autônoma, bem como para a conscientização e o controle das variáveis psicológicas que interferem diretamente na aprendizagem. Embora os estudantes possam utilizar, intuitivamente, algumas estratégias de aprendizagem ao longo da sua escolarização, estudos mostram que eles as usam pouco, não ampliam a sua utilização e nem aprofundam o seu uso, o que reforça a necessidade de os professores fomentarem essas habilidades em seus alunos. Todavia, para que o professor possa promover o uso das estratégias de aprendizagem por eles, ele precisa ser instruído sobre como utilizá-las e ensiná-las, além de ser convencido de que elas realmente auxiliam a aprendizagem.

Na literatura da área observa-se que, mesmo com o reconhecimento da importância dessa intervenção do professor desde os anos iniciais de escolarização, são poucas as iniciativas que visam orientá-lo sobre como desenvolver essas habilidades em seus alunos. Assim, a presente obra foi concebida justamente para apresentar ao leitor interessado um conjunto sólido de orientações e atividades, além dos fundamentos teóricos, para que possa ensinar e promover o uso de estratégias de aprendizagem cognitivas e metacognitivas. Foi organizada de modo que o leitor possa aproveitar seu conteúdo como um curso integrado sobre estratégias de aprendizagem, seguindo a sequência de capítulos, que vão das estratégias metacognitivas para as cognitivas, ou utilizar cada um dos seus capítulos de forma independente, de acordo com a necessidade do público-alvo e dos diferentes contextos de formação.

Ademais, as atividades sugeridas neste livro são de natureza autorreflexiva. Foram construídas com base em evidências sólidas de pesquisas que defendem a importância da autorreflexão sobre a aprendizagem para o engajamento, por parte do estudante, em comportamentos estratégicos e autorregulados. A eficácia destas atividades foi cuidadosamente avaliada em professores e estudantes do Ensino Médio, bem como em estudantes de diferentes cursos de licenciatura. As experiências decorrentes do seu emprego em amostras diversas revelaram que elas promoveram, entre aqueles que as realizaram, reflexão sobre a própria aprendizagem e maior consciência da importância de utilizar estratégias de aprendizagem para um desempenho escolar e acadêmico bem-sucedido.

O livro *Estratégias de aprendizagem – Como promovê-las?* é composto por duas partes. A primeira contém um capítulo em que as estratégias de aprendizagem são descritas e três capítulos nos quais são detalhadas as atividades desenvolvidas para promover estratégias de aprendizagem metacognitivas nos alunos. A segunda parte do livro acolhe três capítulos que descrevem as atividades que podem ser realizadas pelo professor ou formador para desenvolver estratégias de aprendizagem cognitivas.

No primeiro capítulo, "O que são estratégias de aprendizagem? – Como fomentá-las nos diferentes segmentos da escolarização?", o leitor encontrará uma breve explicação sobre as estratégias de aprendizagem, os benefícios de utilizá-las e uma descrição sucinta de intervenções recentes que tiveram o objetivo de promovê-las em estudantes de diferentes níveis de escolarização.

Nos capítulos 2 a 6, destinados ao ensino das estratégias de aprendizagem, o leitor encontrará, no primeiro momento de cada um deles, fundamentos teóricos, provenientes da literatura sobre a estratégia de aprendizagem a ser tratada: o que é, de que tipo é, para que ela serve, como ela favorece a aprendizagem e qual a sua importância para o melhor processamento da informação. Na sequência, o foco recai em como ensinar aos estudantes aquela estratégia de aprendizagem e orientações teórico-práticas e sugestões de atividades autorreflexivas para melhor fomentá-las são apresentadas.

O capítulo 2, "A estratégia metacognitiva de planejamento – Como estabelecer metas de estudo e aprendizagem?", destina-se ao ensino do planejamento, essencial para a aprendizagem de qualidade. Ênfase é dada ao estabelecimento de metas. O capítulo 3, "O monitoramento metacognitivo e a estratégia de autoquestionamento – Suas vantagens para aprendizagem?", trata da estratégia de autoquestionamento para a aprendizagem, fundamental para o exercício do monitoramento da aprendizagem pelos estudantes. O capítulo 4, "As estratégias de regulação da motivação – Como ensinar os alunos a manter-se motivados no contexto educativo?", versa sobre a estratégia metacognitiva de regulação e focaliza, mais precisamente, as estratégias de autorregulação da motivação, extremamente relevantes para ajudar o estudante a manter sua motivação para aprender, diante de tantos distratores e de tarefas que não despertam grande interesse, mas que precisam ser realizadas.

Ao considerar a importância, a popularidade e o uso equivocado do sublinhar, o capítulo 5, "Como sublinhar corretamente? – Os benefícios do sublinhar para aprendizagem", aborda justamente essa estratégia. "Como elaborar bons resumos para estudar e aprender melhor?" é o título do capítulo 6, destinado ao ensino da estratégia cognitiva de elaboração – o resumir, tão frequentemente recomendada em atividades de estudo e aprendizagem, mas empregada de forma pouco eficiente pelos estudantes.

Por fim, o capítulo 7 "Os mapas conceituais e seu impacto na aprendizagem significativa – Da teoria à implementação desta estratégia" discorre sobre a estratégia cognitiva de organização, mapas conceituais, em que as autoras compartilham com o leitor os resultados positivos de suas experiências com a utilização do mapa conceitual em diferentes níveis de escolarização e contextos de aprendizagem.

A escassez de estudos sobre como os professores podem ensinar as estratégias de aprendizagem no contexto de suas disciplinas específicas e a necessidade de fortalecer as estratégias de aprendizagem dos estudantes, de forma preventiva, por meio de ações formativas no dia a dia de sala de aula motivaram a organização deste livro. As autoras desta obra reconhecem nas estratégias de aprendizagem uma variável-chave muito relevante para a melhoria da aprendizagem de estudantes de todas as etapas educacionais. Desejam que a obra possa respaldar a prática pedagógica de professores de Ensino

Fundamental e Médio, bem como de docentes de cursos de licenciatura que formam futuros professores, para que possam promover o emprego efetivo dessas estratégias em suas salas de aula. Ademais, acreditam também que o conteúdo deste livro será valioso para pesquisadores, educadores, gestores educacionais, psicólogos escolares e psicopedagogos, entre outros profissionais que se preocupam em investigar e encontrar formas eficazes de promover a aprendizagem de qualidade em diversos contextos e segmentos da escolarização.

Parte I

Estratégias de aprendizagem metacognitivas

Como promovê-las no contexto educativo?

1
O que são estratégias de aprendizagem?

Como fomentá-las nos diferentes segmentos da escolarização?

Introdução

A autorregulação da aprendizagem tem sido o foco de pesquisas internacionais e nacionais (Bembenutty, 2015; Ganda & Boruchovitch, 2018; Gomes & Boruchovitch, 2019; Machado & Boruchovitch, 2019; Zimmerman, 2002, 2013). Estudantes autorregulados são eficientes em planejar cursos de ação, gerenciar o tempo, o esforço e a motivação para aprender. Monitoram a própria aprendizagem, selecionam estratégias de aprendizagem coerentes com as exigências das tarefas, autoavaliam os seus resultados com propriedade, modificam seus planos de ação quando julgam necessário, refletem sobre a própria aprendizagem, organizam seu ambiente de estudo para que não percam o foco da tarefa e apresentam crenças adequadas de autoeficácia (Bembenutty, 2015; Wolters, 1998; Zimmerman, 2002, 2013; Zumbrunn, Tadlock, & Roberts, 2011). Diante das inúmeras características e qualidades dos estudantes autorregulados, pode-se afirmar que eles poderiam ser considerados estudantes ideais em todos os contextos educacionais.

A autorregulação da aprendizagem não é uma habilidade inata do indivíduo, que uns têm e outros não. Ela pode ser ensinada durante os anos de escolarização. O professor exerce um papel fundamental no fomento das habilidades autorregulatórias entre os seus alunos. No entanto, para que os professores possam ensiná-las, eles precisam tê-las bem desenvolvidas (Dembo & Seli, 2008; Machado & Boruchovitch, 2019; Staley & Dubois, 1996; Veiga-Simão, 2004).

Há consenso entre os pesquisadores que investigam a autorregulação da aprendizagem, que estudantes autorregulados utilizam, assiduamente, estratégias de aprendizagem quando precisam aprender ou completar uma tarefa (Boruchovitch, 1999, 2014; Casiraghi, Boruchovitch, & Almeida, 2020; Weinstein & Acee, 2018; Weinstein, Acee, & Jung, 2011; Zimmerman, 1990, 2002, 2013). Antes de utilizar estratégias de aprendizagem o estudante precisa analisar a tarefa a ser realizada e escolher as estratégias que, de fato, o auxiliarão a aprender, considerando as especificidades de cada uma delas. Na sequência, ele empregará as estratégias de aprendizagem selecionadas, monitorará a sua aprendizagem ao utilizá-las e avaliará se os resultados obtidos foram ou não os esperados.

A consolidação do constructo estratégias de aprendizagem: história, classificações e definições

O uso de estratégias de aprendizagem vem de longa data. Ao analisar os desenhos dos homens das cavernas os antropólogos acreditavam que muitos deles já eram usados para lembrar os ciclos do tempo, o que se caracteriza como uma estratégia de aprendizagem. Os gregos antigos também demonstravam empregar estratégias de aprendizagem quando se valiam de recursos mnemônicos para se lembrar dos assuntos que gostariam de discutir em seus discursos, quando ainda não tinham os recursos necessários para escrever. Apesar de serem utilizadas há muito tempo, foi somente no final da década de 1970 e no início da década de 1980 que começaram a surgir estudos sobre as estratégias de aprendizagem. Esses estudos evidenciaram a sua eficácia no aumento da memória, da atenção, do armazenamento e recuperação da informação. Hoje, todos os modelos de autorregulação da aprendizagem presentes na literatura ressaltam a importância do uso das estratégias de aprendizagem (McCombs, 2017; Weinstein et al., 2011; Zimmerman, 2013).

Dansereau (1985) definiu as estratégias de aprendizagem como sequências de procedimentos utilizados com o propósito de facilitar a aquisição, o armazenamento e a utilização da informação. A presente obra se apoia nessa definição. As estratégias de aprendizagem envolvem o uso da cognição, da metacognição, da motivação, do afeto e do comportamento e aumentam a probabilidade de sucesso na aprendizagem (Casiraghi et al., 2020; Pozo, 1996; Weinstein & Acee, 2018; Weinstein et al., 2011).

A metacognição é essencial para o uso das estratégias de aprendizagem e se refere ao conhecimento geral da cognição e aos conhecimentos sobre a própria cognição (Flavell, 1979, 1987; Pintrich, 2002). Entre os subconceitos que envolvem a metacognição, o conhecimento da metacognição, o monitoramento da metacognição e a regulação da metacognição são essenciais. O conhecimento da metacognição consiste no reconhecimento dos próprios processos cognitivos e é composto pelas variáveis: pessoa, tarefa e estratégia. O monitoramento da metacognição se refere ao processo de auto-observação dos processos cognitivos. Já a regulação da metacognição abrange os processos cognitivos que os estudantes utilizam para planejar, monitorar e regular a cognição e a aprendizagem (McCombs, 2017; Pintrich, 1999, 2002; Wolters & Benzon, 2013; Zimmerman, 2002).

Existem várias taxonomias para as estratégias de aprendizagem na literatura. Boruchovitch (1999) e Boruchovitch e Santos (2006) identificaram as principais classificações em trabalhos anteriores, nos quais os autores distinguiram as estratégias de aprendizagem em cognitivas e metacognitivas (Garner & Alexander, 1989), primárias e de apoio (Dansereau et al., 1979), ensaio, elaboração, organização, monitoramento e afetivas (Weinstein & Mayer, 1985) e autoavaliação, organização, transformação, estabelecimento de metas e planejamento, busca de informações, registro de informações, automonitoramento, organização do ambiente, busca de ajuda e revisão (Zimmerman & Martinez-Pons, 1986). Posteriormente, Mckeachie et al. (1990) classificaram as estratégias de aprendizagem identificadas por Zimmerman e Martinez-Pons (1986) em estratégias cognitivas (ensaio, elaboração e organização), estratégias metacognitivas (planejamento, monitoramento e regulação) e estratégias de administração de recursos (administração do tempo, do ambiente de estudo e do esforço) (Boruchovitch, 1999; Boruchovitch & Santos, 2006; Casiraghi et al., 2020).

Uma classificação para estratégias de aprendizagem amplamente aceita e a escolhida para nortear a presente obra é aquela que as distinguem em cognitivas e metacognitivas (Boruchovitch, 1999, 2012; Dembo, 1994, Gardner & Alexander, 1989). As estratégias cognitivas são conceituadas como sequências de ações utilizadas pelos estudantes para lidar com a informação e aprendê-la de forma mais eficiente. Já as estratégias metacognitivas são procedimentos que orientam o planejamento, o monitoramento e a regulação do pensamento durante a realização da tarefa (Dembo & Seli, 2008; Garner & Alexander, 1989; Lefrançois, 1988; McCombs, 2017; Pintrich, 1999).

As estratégias cognitivas se subdividem em estratégias de ensaio, de elaboração e de organização. Enquanto as metacognitivas são subdivididas em estratégias de planejamento, de monitoramento e de regulação (Garner & Alexander, 1989; Pintrich, 1999; Weinstein et al., 2011). As estratégias de ensaio consistem na exposição repetitiva, oralmente ou por escrito, daquilo que o estudante está tentando aprender. Caracterizam-se por estratégias de ensaio: repetir um conceito ou definição várias vezes, gravar e ouvi-lo continuamente e sublinhar um texto marcando suas partes mais importantes. Nem todas as estratégias de ensaio são efetivas e/ou eficientes para a aprendizagem. As estratégias de ensaio passivas, por exemplo, envolvem a simples repetição da informação, muitas vezes sem sentido, o que não desencadeia uma aprendizagem significativa e não contempla muitos processos cognitivos, resultando na perda mais fácil dessas informações com o passar do tempo. Por sua vez, as estratégias de ensaio ativas abrangem mais processos cognitivos e a construção de significados. Ao tentar aprender uma palavra de outro idioma, além de o estudante utilizar um cartão de memória com a imagem e a palavra e ficar repetindo-a até gravar (estratégia de apoio passiva), ele pode buscar as derivações dessa palavra e tentar incluí-la em uma conversa, o que constitui uma estratégia de ensaio ativa (Pintrich, 1999; Weinstein et al., 2011).

As estratégias de elaboração envolvem adicionar ou modificar o material a ser aprendido de alguma forma, na tentativa de torná-lo mais significativo e passível de ser lembrado. Tomar notas, parafrasear, resumir, criar analogias, comparar e contrastar ideias, ensinar o conteúdo para outra pessoa e criar e responder perguntas são exemplos de estratégias de elaboração. As estratégias de elaboração requerem muito esforço cognitivo do estudante, uma vez que ele precisará passar a nova informação para suas próprias palavras e relacionar o novo conteúdo com aquilo que ele já sabe (Pintrich, 1999; Weinstein et al., 2011). Por fim, as estratégias de organização têm seu foco em conferir uma nova organização gráfica ao material e em criar relações entre os conceitos, de modo que o conteúdo a ser aprendido se torne mais significativo. Diagramas de causa e efeito e mapas conceituais são exemplos de estratégias de organização (Pintrich, 1999; Pozo, 1996; Souza & Boruchovitch, 2010; Weinstein et al., 2011).

Pintrich (1999) esclarece que, embora as estratégias de aprendizagem sejam essenciais e auxiliem na aprendizagem, umas garantem um processamento mais profundo da informação, já outras não. Enquanto as estratégias de ensaio tratam a informação, de maneira mais superficial, as estratégias de elaboração e organização possibilitam seu processamento mais profundo, pois requerem dos estudantes a compreensão e a transformação da informação em suas próprias palavras, a conexão das novas informações com as já existentes na estrutura cognitiva e a criação de estruturas gráficas que confiram mais significado ao conteúdo a ser aprendido.

As estratégias metacognitivas, como mencionado anteriormente neste capítulo, são procedimentos utilizados pelo estudante para planejar, monitorar e regular o próprio pensamento (Garner & Alexander, 1989; Pintrich, 1999; Weinstein et al., 2011). McCombs (2017) exemplifica as estratégias metacognitivas ressaltando que elas podem ser usadas antes ou depois da atividade cognitiva. Por exemplo, no momento em que o aluno reconhece que não conseguiu entender algo que leu ou ouviu, ele passa a pensar sobre os próprios processos de aprendizagem e analisar como é possível modificá-los para atingir a sua meta de aprendizagem. As estratégias metacognitivas podem ser classificadas como estratégias de planejamento, de monitoramento e de regulação. As estratégias de planejamento auxiliam na elaboração de planos de ação para a execução de uma determinada tarefa e para aprender um novo conteúdo. Estabelecer metas para o estudo e analisar a tarefa antes mesmo de começar a fazê-la são exemplos de estratégias de planejamento (Pintrich, 1999). As estratégias de monitoramento consistem em checar o próprio entendimento, tendo em vista os objetivos preestabelecidos no momento do planejamento. Têm por função principal fornecer informações sobre o desempenho, de forma que o estudante possa avaliar se é preciso ou não modificar os seus processos e estratégias para aprender determinado conteúdo (Pintrich, 1999; Pozo, 1996; Tanikawa & Boruchovitch, 2016). Fiscalizar se está compreendendo a informação enquanto está lendo um texto ou assistindo à aula de um professor, autotestar-se para verificar se compreendeu o que o texto quer dizer, utilizando questões sobre o assunto do texto e usando estratégias de teste são exemplos de estratégias de monitoramento. Essas estratégias servem também de alerta para que se preste atenção àquilo que não foi compreendido e que sejam feitos os reparos necessários, utilizando as estratégias de regulação (Pintrich, 1999; Pozo, 1996; Tanikawa & Boruchovitch, 2016).

As estratégias metacognitivas de regulação permitem modificar o comportamento, a partir do monitoramento realizado ou mantê-lo, caso as informações provenientes do monitoramento sejam positivas. Quando um estudante, ao fazer a leitura de um texto, percebe que não compreendeu o que acabou de ler e resolve reler a parte que ficou com dúvida, essa releitura é um exemplo de estratégia de regulação. Ler o texto mais devagar, ao sentir dificuldade em compreendê-lo, rever partes do material de estudo que não compreendeu em uma prova, ler as questões e pular aquelas em que ficou com dúvida e retomar posteriormente também são tidas como estratégias de regulação (Pintrich, 1999; Pozo, 1996).

Ao classificar as estratégias de aprendizagem em cognitivas e metacognitivas, McCombs (2017) alerta que atenção deve ser dada para a inter-relação desses dois tipos de estratégias, já que uma estratégia pode ser de natureza cognitiva, mas utilizada de forma metacognitiva pelo estudante. Por exemplo, quando ele utiliza a estratégia de sublinhar, que é naturalmente uma estratégia cognitiva, com a finalidade de manter-se atento e concentrado na tarefa, isso caracterizaria um uso metacognitivo de uma estratégia cognitiva. Assim, o conhecimento declarativo, o processual e o condicional são primordiais para o uso efetivo das estratégias de aprendizagem. O conhecimento declarativo implica ter acesso e saber identificar uma variedade de estratégias de aprendizagem. O processual envolve como usar as estratégias de aprendizagem, saber como empregá-las. Já o condicional consiste em conseguir reconhecer em quais momentos da aprendizagem uma estratégia é mais útil do que a outra. Não basta que o estudante conheça diferentes estratégias de aprendizagem, ele precisa saber quando e como utilizá-las (Ribeiro, 2003; Weinstein et al., 2011).

Pesquisas mostram que estudantes que usam estratégias de aprendizagem, independentemente do segmento de escolarização em que se encontram, apresentam melhor rendimento escolar e acadêmico (Boruchovitch, 1999, 2007; Da Silva & Sá, 1997; Prates, Lima, & Ciasca, 2016); melhor desempenho em textos narrativos (Costa & Boruchovitch, 2009); mais motivação intrínseca para aprender (Cunha & Boruchovitch, 2012; Perassinoto, Boruchovitch, & Bzuneck, 2013) e são mais propensos a serem guiados pela meta aprender (Han & Lu, 2018). Entretanto, Cabral e Tavares (2005), Quezada (2005) e Thomas e Bain (1982) constataram que a maioria dos estudantes domina poucas estratégias de aprendizagem. Muitos deles empregam apenas procedimentos gerais como a repetição, a imitação e o ensaio-erro. Os resultados apontam para a necessidade de se investir no ensino de estratégias de aprendizagem entre os estudantes dos diferentes níveis de escolarização. A título de ilustração, alguns exemplos de intervenções que tiveram esse objetivo serão apresentados, resumidamente, a seguir.

Alguns exemplos de intervenções orientadas à promoção do uso de estratégias de aprendizagem

A intenção do presente capítulo não foi realizar uma extensa revisão de literatura sobre a produção científica relacionada às intervenções em estratégias de aprendizagem, mas apresentar propostas de intervenção nacionais e publicadas recentemente sob a forma de artigos (2015-2018) que tiveram por finalidade o fomento das estratégias de aprendizagem em diferentes segmentos de escolarização (Ensino Fundamental, Médio e Superior). Pesquisas como a de Costa e Boruchovitch (2015), Santos e Alliprandini (2017) e Ganda e Boruchovitch (2018) representam, respectivamente, esses segmentos e serão descritas brevemente na sequência.

O objetivo do estudo de Costa e Boruchovitch (2015) foi investigar se uma intervenção em estratégias de aprendizagem, com estudantes do 7º ano, resultaria no uso mais eficiente das estratégias na produção narrativa. A intervenção aconteceu em sete encontros, cujo foco foi o ensino das estratégias de aprendizagem para a produção de textos, com atenção dada também aos estados motivacionais e afetivos dos estudantes. As pesquisadoras atuaram no sentido de motivar os estudantes e assegurar sua compreensão acerca das estratégias de aprendizagem ensinadas. Ofereceram também *feedback* e possibilitaram autoavaliação contínua dos alunos acerca de seus resultados. As autoras observaram ganhos significativos nos estudantes após a participação na intervenção. Eles demonstraram melhoras significativas nas estratégias de produção de textos, como: pensar, planejar, escrever, revisar e reescrever. Todas essas estratégias foram ensinadas no momento da intervenção. O ensino das estratégias de aprendizagem no contexto da escrita garantiu aos estudantes um avanço em seus conhecimentos cognitivos e metacognitivos, resultando na escrita de textos melhores. Costa e Boruchovitch (2015) sugerem que novas pesquisas reutilizem e aperfeiçoem o modelo de intervenção empregado, com a finalidade de desenvolver propostas que contemplem também a prática do professor em sala de aula.

No Ensino Médio, Santos e Alliprandini (2017) realizaram uma intervenção que teve como propósito ensinar e incentivar estudantes do 3º ano do Ensino Médio a utilizar estratégias de aprendizagem. A intervenção teve duração de 13 encontros semanais, em formato de infusão curricular na disciplina de Biologia. Os estudantes que compuseram a amostra eram alunos do primeiro autor do estudo. Os autores, ao longo da intervenção, ensinaram e incentivaram os estudantes a resumir, a criar perguntas e respostas sobre o conteúdo, a ler bibliografia complementar sobre os assuntos apresentados em sala de aula e a grifar partes importantes do texto. Os resultados revelaram mudanças nas estratégias de aprendizagem cognitivas, após a participação na intervenção. Verificou-se, no pós-teste, um aumento do uso das estratégias cognitivas e um decréscimo no relato do uso das estratégias metacognitivas, reiterando a necessidade de ensinar, mais sistematicamente, as estratégias de aprendizagem metacognitivas.

No contexto do Ensino Superior, Ganda e Boruchovitch (2018) realizaram uma pesquisa que teve como objetivo examinar a eficácia de uma intervenção, desenvolvida por meio de um curso orientado ao ensino das habilidades autorregulatórias, entre estudantes de um Curso de Pedagogia. A intervenção ocorreu ao longo de um semestre, com seis encontros de duas horas semanais e contou com atividades presenciais, atividades *on-line* e tarefas para casa. O curso tinha como eixo norteador fazer os estudantes refletirem sobre a aprendizagem como alunos e como futuros professores. Todas as atividades propostas tiveram como foco o fortalecimento da autorreflexão sobre a própria aprendizagem. Estratégias de aprendizagem, motivação para aprender, estratégias de gerenciamento do tempo, atribuições de causalidade, crenças de autoeficácia, autorregulação motivacional, ansiedade e teorias implícitas de inteligência foram os temas abordados durante a intervenção. Os resultados revelaram que o grupo de estudantes que participou do programa de intervenção e realizou as atividades autorreflexivas apresentou aumento das crenças de autoeficácia para a aprendizagem autorregulada. As autoras sugerem a realização de novas pesquisas que tenham por intuito promover a autorregulação da aprendizagem em futuros professores, reconhecendo a importância que eles têm para a promoção das habilidades autorregulatórias em seus futuros alunos.

Considerações finais

As propostas apresentadas e os resultados encontrados pelos autores, nos distintos segmentos da escolarização, evidenciaram ganhos significativos entre os estudantes que receberam formação em estratégias de aprendizagem, motivando a realização de novas pesquisas sobre o tema. Foi interessante notar que em todas as pesquisas reportadas foi o pesquisador quem conduziu o ensino das estratégias de aprendizagem. Com exceção da investigação de Santos e Alliprandini (2017), em que o pesquisador era também o professor da turma, nenhuma outra pesquisa revelou se os professores acompanharam os encontros da intervenção. Reconhece-se a relevância do modelo e da aprendizagem observacional (Bandura, 1986, 2008). Se os professores responsáveis pelos estudantes tivessem acompanhado as intervenções, eles possivelmente poderiam aprender, na prática, como ensinar as estratégias de aprendizagem e incentivá-las em seus alunos, o que favoreceria que um número maior de alunos pudesse futuramente ser também beneficiado com esses conteúdos.

Sabe-se que a aprendizagem dos conteúdos escolares e o domínio das estratégias de aprendizagem devem ser inseparáveis no contexto educativo (Dembo, 2001; Santos, 2008; Veiga Simão, 2004). Para que sejam ensinados, de modo conjunto, é necessário um professor que saiba combinar os diferentes conteúdos a serem trabalhados com o ensino explícito das estratégias de aprendizagem (Dembo, 2001; Veiga Simão, 2004). Todavia, pesquisas revelam que a maioria dos professores desconhece as estratégias de aprendizagem e seus benefícios (Dembo, 2001; Pérez Cabaní, 1997; Santos & Boruchovitch, 2011; Veiga Simão, 2004), bem como encontram dificuldades em ensiná-las no contexto real de sala de aula, mesmo depois de receberem formação sobre o assunto (Duffy, 1993). Assim, espera-se que as orientações teórico-práticas, apresentadas nos próximos capítulos, possam ser utilizadas em contexto escolar e acadêmico e em pesquisas voltadas para o ensino das estratégias de aprendizagem cognitivas e metacognitivas.

Referências

Bandura, A. (1986). Models of human nature and causality. In: A. Bandura. *Social foundations of thought and action* (pp. 1-38). Nova Jersey: Prentice-Hall.

Bandura, A. (2008). A evolução da teoria social cognitiva. In: A. Bandura, R. B. Azzi., & S. A. J. Polydoro. *Teoria Social Cognitiva: Conceitos Básicos* (pp. 15-41). Porto Alegre: Artmed.

Bembenutty, H. (2015). Self-regulated learning and development in teacher preparation training. *Springer Briefs in Education*, 9-28.

Boruchovitch, E. (1999). Estratégias de aprendizagem e desempenho escolar: considerações para a prática educacional. *Psicologia Reflexão e Crítica, 12*(2).

Boruchovitch, E. (2007). Aprender a aprender: propostas de intervenção em estratégias de aprendizagem. *Educação Temática Digital, 8*(2), 156-167.

Boruchovitch, E. (2012). Dificuldades de aprendizagem, problemas motivacionais e estratégias de aprendizagem. In: F. F. Sisto., E. Boruchovitch., L. D. T. Fini., R. P. Brenelli., & S. C. Martinelli. *Dificuldades de aprendizagem no contexto psicopedagógico* (pp. 40-59). Petrópolis: Vozes.

Boruchovitch, E. (2014). Autorregulação da aprendizagem: contribuições da psicologia educacional para a formação de professores. *Revista Quadrimestral da Associação Brasileira de Psicologia Escolar e Educacional, 18*(3), 401-409.

Boruchovitch, E., & Santos, A. A. A. (2006). Estratégias de Aprendizagem: conceituação e Avaliação. In: A. P. P. Noronha & F. F. Sisto. (orgs.). *Facetas do fazer em avaliação psicológica* (pp. 10-20). São Paulo: Vetor.

Cabral, A., & Tavares, J. (2005). Leitura/compreensão, escrita e sucesso acadêmico: um estudo de diagnóstico em quatro universidades portuguesas. *Psicologia Escolar e Educacional, 9*(2), 203-213.

Casirashi, B., Boruchovitch, E., & Almeida, L. S. (2020). Crenças de autoeficácia, estratégias de aprendizagem e o sucesso acadêmico no Ensino Superior. *Revista E-Psi, 9*(1), 27-38.

Costa, E. R., & Boruchovitch, E. (2009). As estratégias de aprendizagem e a produção de textos narrativos. *Psicologia: Reflexão e Crítica, 22*(2), 173-180.

Costa, E. R., & Boruchovitch, E. (2015). O ensino de estratégias de aprendizagem no contexto da escrita. *Psicologia da Educação, 41,* 21-35.

Cunha, N. B., & Boruchovitch, E. (2012). Estratégias de aprendizagem e motivação para aprender na formação de professores. *Revista Interamericana de Psicologia, 46*(2).

Da Silva, A.L., & Sá, L. (1997). *Saber estudar e estudar para saber* (2. ed.). Porto: Porto Ed.

Dansereau, D. F. (1985). *Learning Strategy Research* (Vol. 1). Hillsdale: Lawrence Erlbaum Associates.

Dembo, M. H. (1994). *Applying educational psychology* (5. ed.). White Plains, NY: Longman Publishing Group.

Dembo, M. H. (2001). Learning to teach is not enough: Future teachers also need to learn to learn. *Teacher Education Quarterly*, 28(4), 23-35.

Dembo, M. H., & Seli, H. (2008). *Motivation and learning strategies for college success*. Nova York: Routledge.

Duffy, G. G. (1993). Teachers' progress toward becoming expert strategy teachers. *The Elementary School Journal*, 94(2), 109-120.

Flavell, J. H. (1979). Metacognition and cognitive monitoring: a new area of cognitive-developmental inquiry. *American Psychologist*, 34(10).

Flavell, J. H. (1987). Speculation about the nature and development of metacognition. In: F. Weinert & R. Kluwe (eds.). *Metacognition, motivation, and understanding* (pp. 21-29). Hillsdale, NJ: Lawrence Erlbaum.

Ganda, D. R., & Boruchovitch, E. (2018). Promoting self-regulated learning of brasilian preservice student teachers: results of an intervention program. *Frontiers in Education*, 3(5), 1-12.

Garner, R., & Alexander, P. A. (1989). Metacognition: Answered and unanswered questions. *Educational Psychologist*, 24(2), 143-158.

Gomes, M. A. M., & Boruchovitch, E. (2019). O modelo de aprendizagem autorregulada de Barry Zimmerman – Sugestões práticas para desenvolver a capacidade de planejar, monitorar e regular a própria aprendizagem no contexto da educação básica. In: E. Boruchovitch & M. A. M. Gomes. *Aprendizagem autorregulada: como promovê-la no contexto educativo*. Petrópolis: Vozes.

Han, J., & Lu, Q. (2018). A correlation study among achievement motivation, goal-setting and L2 learning strategy in EFL context. *English Language Teaching*, 11(2).

Lefrançois, G. R. (2008). *Teorias da aprendizagem*. São Paulo: Congage Learning.

Machado, A. C. T. A., & Boruchovitch, E. (2019). Formação continuada de professores – Sugestões práticas para a promoção da autorreflexão e motivação para o aprender. In: E. Boruchovitch & M. A. M. Gomes. *Aprendizagem autorregulada: como promovê-la no contexto educativo*. Petrópolis: Vozes.

McCombs, B. L. (2017). Historical review of learning strategies research: strategies for the whole learner – A tribute to Claire Ellen Weinstein and early researchers of this topic. *Frontiers in Education, 2*(6), 1-21.

Perassinoto, M. G. M., Boruchovitch, E., & Bzuneck, J. A. (2013). Estratégias de aprendizagem e motivação para aprender de alunos do Ensino Fundamental. *Avaliação Psicológica, 12*(3).

Pérez Cabaní, M. L. (1997). La formación del profesorado para enseñar estratégias de aprendizaje. In: C. Monereo. *Estratégias de aprendizaje* (pp. 63-113). Madri: A. Machado.

Pintrich, P. R. (1999). The role of motivation in promoting and sustaining self-regulated learning. *International Journal of Educational Research, 31*(1), 459-470.

Pintrich, P. R. (2002). The role of metacognitive knowledge in learning, teaching and assessing. *Theory into practice, 41*(4).

Pozo, J. I. (1996). Estratégias de aprendizagem. In: C. Coll., J. Palacios., A. Marchesi. *Desenvolvimento psicológico e Educação* (pp. 176-197). Porto Alegre: Artes Médicas.

Prates, K. C. R., Lima, R. F., & Ciasca, S. M. (2016). Estratégias de aprendizagem e sua relação com o desempenho escolar em crianças do Ensino Fundamental I. *Revista Psicopedagogia, 33*(100).

Quezada, M. T. M. (2005). Estrategias de aprendizaje en estudiantes universitarias. *Psicología Científica.com*

Ribeiro, C. (2003). Metacognição: um apoio ao processo de aprendizagem. *Psicologia: Reflexão e Crítica, 16*(1), 109-116.

Santos, D. A., & Alliprandini, P. M. Z. (2017). Efeito de uma intervenção em estratégias de aprendizagem por infusão em alunos de biologia do Ensino Médio / Effect of an Intervention in Learning Strategies by Infusion in High School Biology Students. *Revista de Educación en Biología, 20*(2), 56-72.

Santos, O. J. X., & Boruchovitch, E. (2011). Estratégias de aprendizagem e aprender a aprender: concepções e conhecimento de professores. *Psicologia: Ciência e Profissão, 31*(2), 284-295.

Souza, N. A., & Boruchovitch, E. (2010). Mapas conceituais: estratégia de ensino/aprendizagem e ferramenta avaliativa. *Educação em Revista, 26*(3), 195-217.

Staley, R., & Dubois, N. F. (1996). *A self-regulated learning approach to teaching educational psychology*. Paper presented at the Meeting of the American Educational Research Association. Nova York, NY.

Tanikawa, H. A. M., & Boruchovitch, E. (2016). Monitoramento metacognitivo de alunos do Ensino Fundamental. *Psicologia Escolar e Educacional, 20*(3), 457-464.

Thomas, P. R., & Bain, J. D. (1982). Consistency in Learning Strategies. *Higher Education, 11*(3), 249-259.

Veiga-Simão, A. M. V. (2004). Integrar os princípios da aprendizagem estratégica no processo formativo dos professores. In: A. L. da Silva., A. M. Duarte, & A. M. Veiga-Simão. *Aprendizagem autorregulada pelo estudante – Perspectivas psicológicas e educacionais*. Porto: Porto Ed. Coleção Ciências da Educação Século XXI.

Weinstein, C. E., Acee, T. W, & Jung, J. (2011). Self regulation and learning strategies. *New Directions for Teaching and Learning*, 16.

Weinstein, C. E. & Mayer, R. E. (1985). The teaching of learning strategies. In: M. Wittrock (org.). *Handbook of research on teaching* (pp. 315-327). Nova York: Macmillan.

Weinstein, C. H., & Acee, T. W. (2018). Study and learning strategies. In: R. F. Flippo & T. W. Bean (eds.). *Handbook of college reading and study strategy research* (pp. 227-240). Nova York: Routledge.

Wolters, C. A. (1998). Self-regulated learning and college students' regulation motivation. *Journal of Education Psychology, 90*(2), 224-235.

Wolters, C. A., & Benzon, M. B. (2013). Assessing and predicting college students' use of strategies for the self-regulation. *The Journal of Experimental Education, 81*(2), 199-221.

Zimmerman, B. J. (1990). Self-regulated learning and academic achievement: an overview. *Educational Psychologist, 25*(1), 3-17.

Zimmerman, B. J. (2002). Becoming a self-regulated learner: an overview. *Theory into Practice, 41*(2), 64-70.

Zimmerman, B. J. (2013). From cognitive modeling to self-regulation: a social cognitive career path. *Educational Psychologist, 48*(3), 135-147.

Zimmerman, B. J. & Martinez-Pons, M. (1986). Development of a structured interview for assessing student use of self-regulated learning strategies. *American Educational Research Journal, 23*, 614-628.

Zumbrunn, S., Tadlock, J., & Roberts, E.D. (2011). *Encouraging self-regulated learning in the classroom a review of the literature*, 1-28.

2
A estratégia metacognitiva de planejamento

Como estabelecer metas de estudo e aprendizagem?

Introdução

No contexto de sala de aula é comum encontrar estudantes que aprendem conceitos importantes facilmente e parecem altamente motivados para estudar, enquanto outros lutam para reter a informação e se mostram desinteressados, com frequência. Essas diferenças individuais na aprendizagem sempre foram alvo de preocupação entre educadores e pesquisadores, sendo atribuídas a distintos fatores ao longo dos anos (Boruchovitch, 2014; McCombs, 2017; Zimmerman, 2002).

No século XIX, as diferenças individuais dos estudantes eram atribuídas às limitações pessoais. Para se beneficiar do currículo pré-concebido e imutável, esperava-se que os estudantes superassem suas limitações. No século XX, a psicologia emerge como uma ciência e as diferenças individuais dos estudantes para aprender passaram a despertar o interesse dos pesquisadores dessa área. Inúmeras iniciativas para a alteração do currículo surgem, nesse período, para melhor lidar com as diferenças individuais na aprendizagem. No final da década de 1970 e início da década de 1980, novas perspectivas para compreender as diferenças individuais na aprendizagem emergiram. Entre elas, destacam-se a metacognição e a cognição social. As dificuldades na aprendizagem dos estudantes passaram então a ser atribuídas à falta de consciência metacognitiva. Aqueles que apresentavam consciência metacognitiva obtinham melhores resultados, quando comparados aos que não a tinham (Zimmerman, 2002). Mais recentemente, novas pesquisas passaram a atribuir as diferenças individuais na aprendizagem à falta de habilidades autorregulatórias. A autorregulação da aprendizagem, como descrita no capítulo anterior, pode ser definida por um processo multidimensional pelo qual os estudantes exercem controle da própria cognição, motivação, comportamento e do ambiente com a finalidade de otimizar a aprendizagem e atingir suas metas educacionais (Cleary, Callan, & Zimmerman, 2012; Zimmerman, 2013).

Existem diferentes modelos para explicar a autorregulação da aprendizagem (Bandura, 1986; Panadero, 2017; Pintrich, 1999; Zimmerman, 2002, 2013). O modelo desenvolvido por Zimmerman (2002, 2013), a partir do modelo de autorregulação proposto por Bandura (1986), defende que a autorregulação da aprendizagem é um processo cíclico, composto por três fases: o planejamento, a execução e a autorreflexão.

O planejamento comporta o processo de análise da tarefa e da automotivação. O momento da análise da tarefa consiste em estabelecer objetivos, traçar planos estratégicos e identificar as estratégias de aprendizagem mais adequadas para realizar a tarefa. O processo de automotivação diz respeito à avaliação das crenças de autoeficácia por parte do estudante. Ele analisa o quanto se sente capaz de realizar aquela tarefa específica. Pondera também sobre o seu interesse intrínseco pela tarefa; isto é, se ele consegue atribuir-lhe um valor e se ela tem um significado pessoal para ele. Por fim, o estudante analisa quais são as suas metas e razões pessoais para realizar a tarefa, se deseja de fato aprender com ela (meta aprender), se tem a intenção de fazê-la para mostrar para alguém que é capaz, ou se quer realizá-la só para obter uma nota alta (meta *performance*).

A realização da tarefa ocorre na fase seguinte, denominada execução. Envolve o autocontrole, a auto-observação e requer o emprego das estratégias de aprendizagem previamente selecionadas no momento do planejamento. É no momento da execução da tarefa que o estudante monitora a sua motivação, suas emoções, seus comportamentos, seu emprego de estratégias de aprendizagem e a adequação do seu ambiente de estudo.

A autorreflexão abrange o autojulgamento e a autorreação. Nessa fase o estudante examina se deve prosseguir com novas aprendizagens ou retomar alguns aspectos do conteúdo que ainda não aprendeu de forma satisfatória. O estudante também avalia e atribui causas para os seus sucessos e/ou fracassos na aprendizagem (Bembenutty, White, & Vélez, 2015; Zimmerman, 2002, 2013). Todos os fatores contemplados nas três fases da autorregulação da aprendizagem retroalimentaram o ciclo autorregulatório.

Os estudantes considerados autorregulados utilizam com propriedade estratégias de aprendizagem propriedade. Como mencionado no capítulo 1, as estratégias de aprendizagem podem ser classificadas em metacognitivas e cognitivas. A estratégia de aprendizagem metacognitiva de estabelecimento de metas será descrita no presente capítulo.

A estratégia de estabelecimento de metas: fundamentos teóricos, conceituação, finalidade e benefícios à aprendizagem

As estratégias de planejamento caracterizam-se pela organização de uma sequência de atividades que possibilita a realização de uma determinada tarefa e a aprendizagem são consideradas estratégias de planejamento: o estabelecimento de metas, a análise da tarefa, o gerenciamento do tempo, entre outras (Dembo & Seli, 2008; Weinstein, Acee, & Jung, 2011).

Dembo e Seli (2008) apontam a importância do estabelecimento de metas para estudantes de diferentes níveis escolares. Estabelecer metas torna mais fácil vários processos inter-relacionados à aprendizagem, como: gerenciar a motivação, o esforço, o tempo e o uso das estratégias de aprendizagem. O estudante, ao estabelecer metas, passa a ter mais clareza sobre o que tem mais valor e o que é secundário para ele. Além disso, o estabelecimento de metas ajuda o estudante em suas escolhas e no alcance de seus objetivos.

Estabelecer metas não é uma tarefa fácil e requer conhecimento metacognitivo de quem o faz. Dembo e Seli (2008) destacam que para estabelecer metas eficientes é necessário considerar a identificação e o valor que a meta tem para si. Os estudantes só conseguirão estabelecer boas metas se eles se identificarem com a meta pretendida e se, de fato, reconhecerem o valor que existe em atingir aquela meta. Metas traçadas por outras pessoas dificilmente serão cumpridas se os estudantes não se identificarem com elas e assumirem o valor que elas têm.

O estabelecimento de metas, além de envolver a identificação e o valor, abrange também cinco passos fundamentais: a) identificação e definição da meta, b) generalização e avaliação de planos alternativos, c) realização de planos de implementação, d) implementação do plano e e) avaliação do progresso. O primeiro passo consiste da definição da meta, norteada pelo valor e pela identificação do estudante. Para a definição de uma meta, Dembo e Seli (2008) destacam a importância de pensar em cinco características que a meta deve ter. Na língua inglesa essas características são conhecidas pela sigla Smart. Na língua portuguesa significa que a meta tem de ser específica, mensurável, orientada para ação, realista e oportuna (passível de ser realizada em um determinado intervalo de tempo). Uma meta específica contempla o máximo de detalhes possíveis do que se pretende atingir. Se a meta estabelecida é muito ampla, menor é a chance de atingi-la. A meta precisa ser mensurável a ponto de o estudante conseguir avaliar o que está sendo capaz de alcançar e o quanto está avançando em direção ao seu alcance. Uma meta orientada para a ação significa que ela deve envolver uma atitude e colocar a pessoa em ação. A meta é realista quando ela é passível de ser realizada pela pessoa que a estabelece. É importante que as pessoas reflitam sobre esse aspecto quando estabelecem metas. Uma meta pode ser considerada oportuna quando o indivíduo consegue dividi-la em metas de curto e longo prazos e é capaz de especificar claramente uma data para sua conclusão.

O segundo passo para estabelecer metas se refere a tomar conhecimento e avaliar os planos para se atingir a meta. Consiste em pensar como fazer para atingir a meta. Para tal, pode-se analisar como outras pessoas atingiram metas semelhantes, como a própria pessoa atingiu metas parecidas e ponderar quem poderia ajudá-la a atingir a meta. Após a avaliação sobre possíveis planos, o terceiro passo requer a criação do seu próprio plano, a partir dos já conhecidos. Um caminho para desenvolver um bom plano é identificar cada uma das tarefas necessárias a serem feitas e estabelecer datas para que sejam realizadas ou completadas.

O quarto passo envolve colocar em prática o plano e incide em checar também o progresso na implementação de cada tarefa. Esse passo também leva em consideração a necessidade de modificar o plano e rever o tempo para sua execução, caso haja necessidade. O quinto e último passo diz respeito à avaliação do progresso à meta pretendida. Para avaliar o progresso algumas questões-chave podem ser utilizadas, como: O plano funcionou bem? Quantas tarefas foram completadas? Em quais tarefas foram encontrados problemas? Quais estratégias funcionaram bem? Se a meta não foi atingida também é muito importante avaliar qual foi o erro cometido. A avaliação é essencial para ajudar a repensar as metas e determinar outros caminhos para atingi-las.

Smith (1994) salienta que para atingir uma meta é preciso levar em consideração algumas operações envolvidas nesse processo, como pode ser visualizado na Figura 1.

Figura 1 – A pirâmide da produtividade

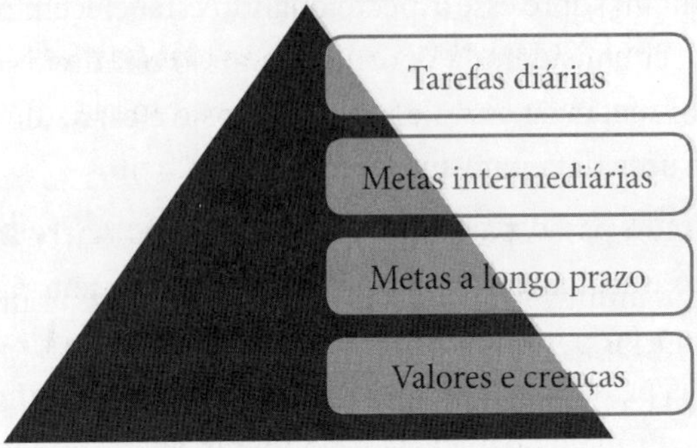

- Tarefas diárias
- Metas intermediárias
- Metas a longo prazo
- Valores e crenças

Fonte: Smith (1994).

A base da pirâmide é composta pelos valores e crenças e refletem o porquê de o estudante querer atingir uma determinada meta em sua vida. A meta de longo prazo se refere ao que o indivíduo quer atingir. Já as metas intermediárias e as tarefas diárias demonstram como fazer para atingir o que se pretende. A pirâmide mostra a necessidade de que todos esses passos estejam alinhados. Assim, os valores precisam ser condizentes com as metas. As tarefas diárias e as metas intermediárias precisam também ser pertinentes com a meta de longo prazo.

Dembo e Seli (2008) e Smith (1994) consideram que uma das razões pelas quais as pessoas são frustradas e estressadas deve-se ao fato de ignorarem a base da pirâmide, composta pelos valores e crenças, e conferirem maior ênfase aos três outros passos. Ao agirem dessa forma acabam concluindo muitas tarefas, mas não as baseiam em nada, além da urgência. Como consequência, falham em conseguir atingir o que é realmente importante para eles. Os sentimentos de frustração, desânimo e incapacidade dos estudantes poderiam ser sanados ou pelos menos minimizados se eles recebessem instrução sobre como estabelecer metas coerentes e condizentes com a sua capacidade e possibilidade. Ao reconhecer a urgência dos estudantes de diferentes níveis escolares aprenderem a estabelecer metas, orientações sobre como o professor pode ensinar os seus alunos a estratégia de estabelecimento de metas em sala de aula serão dadas a seguir.

Como ensinar os estudantes a estabelecerem metas?

Um dos caminhos para se ensinar os estudantes a utilizarem a estratégia de estabelecimento de metas é levando-os à reflexão sobre como eles estabelecem ou não metas para sua vida, sejam elas acadêmicas, profissionais ou sociais. O uso de questões autorreflexivas é muito valioso para potencializar a autoavaliação acerca do estabelecimento de metas. Exemplos dessas atividades estão no Quadro 1.

Quadro 1 – Atividade autorreflexiva sobre o estabelecimento de metas

> 1) De modo geral, você tem o costume de estabelecer objetivos para sua vida?
>
> 2) Você costuma estabelecer objetivos para realizar alguma tarefa de aprendizagem (p. ex.: ler um texto, fazer um trabalho, estudar um determinado conteúdo). Se sim, como você faz para estabelecê-los?
>
> 3) Você percebe que isso lhe ajuda? De que forma?
>
> 4) Ao estabelecer metas você costuma verificar se está conseguindo atingi-las? Você tem algum método próprio para fazer essa verificação? Se sim, relate-o.

Fonte: Autoras (2020), com base na literatura da área.

O uso das questões autorreflexivas é uma boa alternativa para conhecer as possíveis relações dos estudantes com a estratégia. Além disso, elas levam à autorreflexão sobre o tema, o que é muito importante para iniciar a aula sobre o estabelecimento de metas e para o fortalecimento dos processos autorregulatórios. Sugere-se que questões autorreflexivas sejam usadas sempre em sala de aula, adaptando-as ao nível escolar dos estudantes para que eles desenvolvam uma atitude mais reflexiva sobre a própria aprendizagem ao longo dos anos de escolarização. Utilizar questões autorreflexivas no início das aulas para inaugurar um tema possibilita ao professor conhecer o que os estudantes já sabem sobre o assunto; o que, por sua vez, lhe auxiliará no encaminhamento das discussões no decorrer da aula.

Após um momento de discussão acerca das respostas às questões autorreflexivas sobre a estratégia de estabelecer metas, o professor deverá partir para a parte teórica da aula, que consistirá no ensino explícito da referida estratégia. Nesse momento é essencial demonstrar aos estudantes como estabelecer metas, quais critérios devem ser seguidos, como criar planos de ação para atingir essas metas e quais os seus benefícios. Todas essas questões podem ser respondidas a partir do tópico anterior do presente capítulo "A estratégia de estabelecimento de metas: fundamentos teóricos, conceituação, finalidade e benefícios à aprendizagem". O professor pode preparar a sua aula teórica partindo dos conteúdos apresentados anteriormente, bem como aprofundando-os por meio de consulta às referências mencionadas neste livro.

Os modelos de *slides* com os conteúdos que podem ser utilizados pelo professor para a apresentação da fundamentação teórica sobre a estratégia de estabelecimento de metas podem ser visualizados a seguir.

Figura 2 – Modelos de *slides* e de conteúdos para ensinar a estratégia de estabelecimento de metas

**Estratégia metacognitiva
PLANEJAMENTO**

- Envolve a organização de uma sequência de atitudes que são apropriadas para a aprendizagem de uma dada tarefa (Rosário, Núnes, & González-Pieda, 2012).

- Auxilia os aprendizes a planejarem o uso de estratégias cognitivas e ativarem aspectos importantes do conhecimento anterior, tornando mais fácil a organização e a compreensão do material (Boruchovitch, 2012).

Benefícios de estabelecer metas

- Confere significado à vida das pessoas.
- Ajuda a atingir sonhos e ambições.
- Configura expectativas positivas para realizações.
- Promove um senso de responsabilidade pela própria vida.
- Desenvolve a autonomia.
- Motiva o comportamento.
- Torna conscientes os próprios valores.
- Auxilia a determinar o que se está disposto a fazer.
- Influencia as atitudes, motivações e aprendizagens.

Fonte: Autoras (2020), com base na literatura da área.

Sugere-se, para iniciar a parte da fundamentação teórica, que o professor primeiramente defina o que são estratégias de planejamento e quais os seus benefícios. Para que os estudantes passem a estabelecer metas para a sua aprendizagem eles precisam ser sensibilizados quanto à sua importância. Esse momento inicial da aula é fundamental para cativar os estudantes quanto à real importância do estabelecimento de metas. Dentre os benefícios do estabelecimento de metas ressalta-se que essa estratégia confere significado à vida das pessoas, ajuda a atingir sonhos e ambições, promove expectativas positivas para as realizações, gera responsabilidade pela própria vida, possibilita um agir mais autônomo, motiva o comportamento, torna consciente o próprio valor, auxilia a determinar a disposição para realizar as diferentes atividades e influencia as atitudes, a motivação e a aprendizagem.

Na Figura 3 são apresentados outros modelos de *slides* com conteúdos relativos à fundamentação teórica do estabelecimento de metas.

Figura 3 – Modelos de *slides* e de conteúdos para ensinar a estratégia de estabelecimento de metas

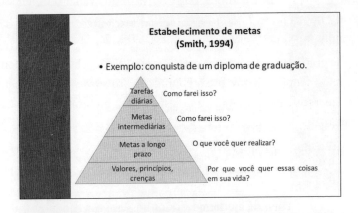

Fonte: Smith (1994).

Na sequência, os professores podem seguir para as partes que compõem a meta, que são: os valores, as crenças e as atitudes; as metas a longo prazo; as metas intermediárias e as tarefas diárias. A explicação sobre as partes que compõem a meta, já descritas no tópico anterior, podem ser utilizadas pelos professores para fundamentar a aula. Por fim, o professor precisa mostrar aos estudantes como criar planos de ação para atingir a meta pretendida. Para isso deve-se analisar se a meta que está sendo estabelecida é Smart, ou seja: S = específica, M = mensurável, A = orientada para a ação, R = realista e T = oportuna. A segunda etapa constitui-se em generalizar e avaliar planos alternativos. A terceira etapa refere-se ao desenvolvimento de um plano de ação para atingir a meta. Na quarta etapa, o plano é implementado. Por fim, a última etapa consiste em avaliar o progresso.

Ao finalizar o momento de fundamentação teórica é chegada a hora de colocar os conhecimentos adquiridos em prática. Como atividade prática para promover o uso da estratégia de estabelecimento de metas propõe-se que os estudantes criem suas próprias metas. Uma atividade para ensinar como estabelecer metas encontra-se no Quadro 2.

Com essa primeira atividade, inicialmente os estudantes pensarão sobre qual a meta que eles querem atingir em uma determinada disciplina, em um bimestre/trimestre específico. O professor tem o papel fundamental de ajudar os alunos nesse momento, pois muitos não conseguirão definir suas metas, seguindo os critérios da meta Smart. Nesse sentido, o professor poderá orientá-los, lembrando-os dos critérios que devem ser seguidos para a definição da meta.

Com as metas traçadas, o próximo passo é pensar em como atingi-las. Para tal, os estudantes estabelecerão um plano de ação. Na sequência, tudo o que foi pensado no plano de ação será transferido para o cronograma/calendário. Ao preenchê-lo os estudantes descreverão as metas intermediárias e as tarefas diárias. Cores diferentes de canetas para distinguir entre as metas intermediárias e as tarefas diárias podem ser utilizadas. As metas intermediárias referentes a um mês devem ser preenchidas em um único dia, mas as tarefas diárias devem ser preenchidas semanalmente, considerando os imprevistos que podem surgir e as novas atividades que também podem aparecer.

Quadro 2 – Modelo de atividade para promover a estratégia de planejamento – estabelecimento de metas

1) Estabeleça uma meta para esse bimestre/trimestre na disciplina de _____, seguindo os cinco passos propostos por Dembo e Seli (2008).
2) Elabore o seu plano de ação para atingir a meta pretendida.
3) Utilize o cronograma para auxiliá-lo a atingir a meta. Descreva as metas intermediárias e as tarefas diárias.

MÊS:_____ ANO:_____

DOM	SEG	TER	QUA	QUI	SEX	SÁB
01	02	03	04	05	06	07
08	09	10	11	12	13	14
15	16	17	18	19	20	21
22	23	24	25	26	27	28
29	30	31				

Fonte: Autoras (2020), com base na literatura da área.

Após o preenchimento do cronograma/calendário, o professor precisa orientar os estudantes a ter esse material sempre em mãos para que as tarefas descritas nele sejam seguidas. Os estudantes podem colá-lo no caderno ou guardá-lo em uma pasta. A literatura revela que não basta apenas estabelecer a meta, é preciso monitorar e verificar se ela está conseguindo ser atingida (Dembo & Seli, 2008; Smith, 1994). A atividade a seguir poderá ser usada para monitorar o avanço alcançado ou as dificuldades enfrentadas para o alcance da meta pretendida.

Quadro 3 – Diário sobre o estabelecimento de metas

Descreva semanalmente neste diário como você está se organizando para atingir a sua meta; o que conseguiu realizar; o que havia planejado, mas não conseguiu atingir; quais foram as dificuldades; o que deu certo; o que não deu certo e o que poderia melhorar.

1ª semana

2ª semana

3ª semana

4ª semana

Fonte: Autoras (2020), com base na literatura da área.

A realização da atividade do diário sobre o estabelecimento de metas consiste em semanalmente o estudante refletir sobre os seus avanços ou entraves para atingir a meta pretendida. O professor deverá destinar um tempo da aula, uma vez por semana, para os estudantes pensarem sobre as suas metas intermediárias e diárias, analisarem no que avançaram, refletirem sobre o que precisam melhorar e avaliarem por que não atingiram o que pretendiam. Após esse momento de reflexão os estudantes devem relatar as suas conclusões no diário. Ao autoavaliarem seus avanços os estudantes também poderão rever suas metas intermediárias e estabelecer metas para a semana seguinte. Os mesmos procedimentos devem ser realizados semanalmente até o final do bimestre/trimestre.

Considerações finais

O objetivo do presente capítulo foi apresentar os fundamentos teóricos e atividades práticas, de caráter autorreflexivo, orientadas à promoção do uso da estratégia metacognitiva de planejamento – estabelecimento de metas (Dembo & Seli, 2008; Góes & Boruchovitch, 2017). As atividades sugeridas neste capítulo foram pré-testadas em estudantes e professores, tanto em situação de pesquisa como de formação, tendo se verificado que elas suscitaram reflexão profunda sobre a própria aprendizagem. Sua realização mostrou também que os estudantes e professores se sentiram mais motivados a atingir suas metas quando traçaram um plano de ação e as dividiram em tarefas menores. Eles relataram ainda que estabelecer metas os ajudou a aprender mais e a cumprir todas as tarefas estabelecidas.

Os benefícios de estabelecer metas e de desenvolver a consciência metacognitiva são incalculáveis para um processamento mais profundo da informação. É essencial que essas estratégias sejam ensinadas às crianças, gradativamente, desde os primeiros anos do Ensino Fundamental, e, sobretudo em cursos de formação de professores. Espera-se que, com a apresentação dos fundamentos e descrição das atividades do presente capítulo, os professores possam ensinar seus alunos como traçar boas metas.

Referências

Bandura, A. (1986). Models of human nature and causality. In: A. Bandura. *Social foundations of thought and action* (pp. 1-38). Nova Jersey: Prentice-Hall.

Bembenutty, H., White, M. C., & Vélez, M. (2015). Self-regulated learning and development in teacher preparation training. *Springer Briefs in Education, 134,* 9-28.

Boruchovitch, E. (2014). Autorregulação da aprendizagem: contribuições da psicologia educacional para a formação de professores [versão eletrônica], *Revista Quadrimestral da Associação Brasileira de Psicologia Escolar e Educacional, 18*(3), 401-409.

Cleary, T. J., Callan, G. L., & Zimmerman, B. J. (2012). Assessing self-regulation as a cyclical context-specific phenomenon: overview and analyses of SRL microanalytic protocols. *Education Research International,* 1-19.

Dembo, M. H., & Seli, H. (2008). Motivation and learning strategies for college success. Nova York: Routledge.

Góes, N. M., & Boruchovitch, E. (2017). Uma proposta de formação autorreflexiva para a promoção das estratégias de aprendizagem entre docentes em exercício e futuros professores – Procedimentos de intervenção desenvolvidos. Não publicado. Faculdade de Educação, Unicamp.

McCombs, B. L. (2017). Historical review of learning strategies research: strategies for the whole learner – A tribute to Claire Ellen Weinstein and early researchers of this topic. *Frontiers in Education, 2*(6), 1-21.

Panadero, E. (2017). A review of self-regulated learning: six models and four directions for research. *Frontiers in psychology, 8*(422).

Pintrich, P. R. (1999). The role of motivation in promoting and sustaining self-regulated learning. *International Journal of Educational Research, 31*(1), 459-470.

Smith, H. (1994). *The 10 natural laws of sucessful time and life management*. Nova York: Warner.

Weinstein, C. E., Acee, T. W., & Jung, J. (2011). Self regulation and learning strategies. *New Directions for Teaching and Learning, 16*, 45-53.

Zimmerman, B.J. (2002). Becoming a self-regulated learner: an overview. *Theory into practice, 41*(2), 64-70.

Zimmerman, B. J. (2013). From cognitive modeling to self-regulation: a social cognitive career path. *Educational Psychologist, 48*(3), 135-147.

3
O monitoramento metacognitivo e a estratégia de autoquestionamento

Suas vantagens para aprendizagem?

Introdução

Ao aprender sobre o planejamento, mais precisamente sobre a estratégia de estabelecimento de metas, pode-se facilmente concluir que não adianta planejar e estabelecer metas se elas não forem monitoradas. Na realidade, é necessário que o estudante esteja sempre atento, refletindo sobre o que consegue ou não atingir e sobre o que precisa ser modificado no seu planejamento para alcançar as metas propostas de modo satisfatório. Assim como é preciso monitorar as metas traçadas, é essencial também monitorar todo o processo de aprendizagem.

Pesquisas revelam que estudantes que monitoram a aprendizagem têm mais sucesso escolar e acadêmico (Coelho & Correia, 2010; Koriat, Ackerman, Lockl, & Schneider, 2009; Vidal-Abarca, Maña, & Gil, 2010). Esses estudantes são mais eficientes e não precisam esperar pelo *feedback* do professor ou de outras pessoas para tomarem atitudes em relação à própria aprendizagem. Muito pelo contrário, eles conseguem perceber que não estão conseguindo aprender ou entender algum conteúdo durante a realização da tarefa e já modificam seus comportamentos para resolver essas dificuldades e seguem em frente. Estudantes com consciência metacognitiva também não são surpreendidos quando não se saem tão bem em atividades avaliativas, pois eles têm a real percepção do que estão e não estão aprendendo.

Uma das características de estudantes autorregulados é o monitoramento da própria aprendizagem e dos processos psicológicos relacionados ao aprender (Tanikawa & Boruchovitch, 2016; Zampieri & Schelini, 2013; Zimmerman, 2002, 2013). Como já mencionado, a autorregulação da aprendizagem envolve integração das funções cognitivas, metacognitivas, afetivas, motivacionais e comportamentais. O monitoramento se insere na função metacognitiva da autorregulação da aprendizagem, pois abrange a capacidade de o indivíduo realizar uma reflexão, em nível mais avançado, a respeito da própria aprendizagem e dos processos pelos quais aprende. A metacognição pode ser definida como um processo psicológico de alto nível que possibilita ao indivíduo a capacidade de refletir sobre o seu próprio pensamento, o que também lhe permite pensar sobre a aprendizagem (Flavell, 1979; Tanikawa & Boruchovitch, 2016).

Flavell (1979) foi o primeiro teórico a estudar a metacognição e constatou que o monitoramento pode ser compreendido pela interação do conhecimento metacognitivo, da experiência metacognitiva, dos objetivos e das ações ou estratégias. O conhecimento metacognitivo é definido como o conhecimento ou a crença que o indivíduo possui sobre quais fatores interagem e afetam o seu desempenho. O conhecimento metacognitivo é composto por três variáveis: a pessoa, a tarefa e a estratégia. A variável pessoa diz respeito ao reconhecimento dos próprios pontos fortes e fracos relacionados à aprendizagem. A variável tarefa refere-se ao conhecimento do estudante sobre a atividade proposta, a clareza e os critérios de exigência para a sua realização, bem como se ele tem familiaridade ou não com as informações que precisa para fazê-la com sucesso. Já a variável estratégia envolve as estratégias a serem selecionadas pelos estudantes, seguindo o critério de que utilizá-las realmente favorecerá a aprendizagem e a realização bem-sucedida da tarefa. A experiência metacognitiva é a segunda classe mais importante para compreender o monitoramento. Corresponde às impressões do indivíduo em relação aos eventos cognitivos. O sentimento de ter ou não compreendido um trecho lido caracteriza a experiência metacognitiva. O terceiro componente do monitoramento, os objetivos, dizem respeito ao que se deseja alcançar ao concluir uma determinada tarefa, podendo ser definidos pelo próprio estudante ou pelo professor. Por fim, o quarto e último componente, as ações ou estratégias, corresponde aos procedimentos adotados para cumprir os objetivos da tarefa. Após esta breve explicação sobre o monitoramento metacognitivo, atenção será dada à estratégia de autoquestionamento sobre a aprendizagem. Essa estratégia, assim como outras, é classificada como uma estratégia metacognitiva de monitoramento e é considerada essencial para auxiliar os estudantes a exercerem maior controle sobre a aprendizagem.

A estratégia de autoquestionamento: fundamentos teóricos, conceituação, finalidade e benefícios à aprendizagem

O monitoramento foi definido por Nelson e Narens (1996) como a capacidade de observar, refletir e experenciar os processos cognitivos e, assim, julgar ou caracterizar o funcionamento cognitivo. Como exemplo, pode-se dizer que o monitoramento ocorre quando um estudante termina de ler um texto e ao se perguntar sobre o que leu (estratégias de monitoramento) consegue dizer ou não qual o conteúdo que acabou de ler. O monitoramento terá sempre um produto, que é o julgamento. É importante destacar que o monitoramento não está presente apenas no final da tarefa. Ele é um julgamento que pode ser emitido antes, durante e depois de uma atividade. Quando o estudante recebe uma tarefa a ser realizada, ao analisá-la, ele cria julgamentos correspondentes às estimativas sobre a sua capacidade e seu conhecimento para a realização daquela tarefa. Na realidade, ele julgará se é capaz de realizá-la, o que precisará fazer para completá-la, quanto tempo e quais recursos precisará para finalizá-la. Os julgamentos emitidos antes da realização de uma tarefa são denominados julgamentos prospectivos.

No momento em que a tarefa está sendo realizada os estudantes também monitoram ou deveriam monitorar e fazer julgamentos sobre a sua realização. Eles podem julgar se conseguirão atingir os objetivos pretendidos e se estão no caminho certo para alcançá-los. No final da tarefa os estudantes também devem julgar o seu desempenho e refletir sobre a probabilidade de ter realizado a tarefa de forma correta. Esse tipo de julgamento é chamado de retrospectivo. Quando se analisam os comportamentos dos estudantes com relação ao monitoramento pode-se aventar que eles tendem a monitorar e emitir julgamentos somente quando finalizam a tarefa. Nesse momento eles fazem julgamento sobre os seus possíveis acertos ou erros. Por monitorarem e realizarem julgamentos somente sobre o resultado final, os estudantes não desenvolvem consciência real da sua compreensão e do seu conhecimento durante a realização da tarefa.

A realidade é que, na maioria das vezes, os estudantes não sabem como monitorar a aprendizagem e em quais momentos o monitoramento deve de fato acontecer. Ao desconhecerem a importância do monitoramento acabam focando unicamente nos julgamentos referentes aos seus acertos e erros, e não na aprendizagem que a tarefa pode lhe oferecer. Por não saberem utilizar a estratégia de monitoramento muito bem, os estudantes acabam fazendo julgamentos imprecisos ou pouco coerentes com o seu real desempenho e/ou potencial, se superestimando ou se subestimando.

Ao iniciar uma tarefa o estudante pode julgar ser muito capaz de realizá-la – isto é, seu desempenho estimado é positivo –, mas durante a realização da tarefa propriamente dita ele pode perceber que ela estava muito além das suas condições reais de desempenho. Esse é um exemplo no qual há superestimação. O estudante acredita ter bem mais condições de desempenhar a tarefa com sucesso do que realmente tem. Os professores precisam ter bastante atenção aos julgamentos superestimados dos seus alunos, pois quando os estudantes se consideram muito capazes tendem a não se esforçar muito e ficam mais propensos a não destinar tempo suficiente para realizar a tarefa.

No julgamento coerente o desempenho real e o estimado apresentam o máximo de proximidade possível. Quanto menor a diferença entre o desempenho real e o estimado mais preciso e coerente será o julgamento do estudante. O julgamento coerente é o ideal para a aprendizagem. Efklides (2006) afirma que julgamentos coerentes só são possíveis quando o indivíduo adquire maior familiaridade com a tarefa que executa e também quando tem ampliadas as suas experiências de monitoramento da aprendizagem.

No julgamento subestimado o estudante subestima o seu desempenho real. Ao iniciar a tarefa ele pode considerar que não tem as capacidades necessárias para completá-la, mas durante a sua realização e ao finalizá-la pode perceber que tinha todos os requisitos necessários para fazê-la. É importante que professores tomem muito cuidado com os julgamentos subestimados de seus alunos. Quando os estudantes não acreditam que são capazes de realizar uma tarefa com sucesso, logo ao analisá-la, podem desistir de iniciá-las.

Os professores têm um papel fundamental na promoção do monitoramento de seus alunos. Eles podem ensiná-los o como, onde e o porquê de utilizarem as estratégias de monitoramento. Mas quando os professores podem começar a ensinar sobre o monitoramento metacognitivo? Essa questão tem sido discutida amplamente na literatura. Tanikawa e Boruchovitch (2016), ao analisarem trabalhos sobre monitoramento, verificaram que o automonitoramento começa a aparecer de modo mais preciso a partir do 5º ano do Ensino Fundamental. No entanto, uma pesquisa que teve por objetivo analisar o monitoramento metacognitivo de estudantes verificou que, antes do 5º ano, as crianças já apresentavam essa característica (Zampieri & Schelini, 2013). Esses achados ressaltam que os professores, desde o início do Ensino Fundamental, podem ensinar aos seus alunos as estratégias de monitoramento, relacionando-as aos conteúdos programáticos.

Na literatura são encontradas inúmeras estratégias de monitoramento metacognitivo; dentre elas se destacam: manter a atenção durante a leitura de um texto, checar como estão a motivação, as emoções, a compreensão e a aprendizagem durante a realização de uma tarefa (Boruchovitch, 1999; Pintrich, 1999; Pozo, 1996). O foco deste capítulo será a estratégia de autoquestionamento sobre a própria aprendizagem. Para monitorar a própria aprendizagem o estudante pode se autoquestionar de diferentes formas e acerca de vários processos psicológicos subjacentes ao aprender, a saber: "Eu entendi o que acabei de ler?" "Consigo explicar com minhas próprias palavras o que acabei de ler?" "Consegui entender o que meu professor acabou de explicar?" "Minha atenção está realmente focada no conteúdo que preciso aprender?" "Eu entendi por que preciso resolver esse problema de matemática dessa forma?" "Eu conseguiria explicar esse conteúdo para um colega se ele pedisse a minha ajuda?" "Esse ambiente de estudo está favorecendo a minha aprendizagem?"

A estratégia de autoquestionar traz inúmeros benefícios à aprendizagem dos estudantes. Por meio do autoquestionamento eles se mantêm mais atentos à tarefa, conseguem ter um maior controle sobre a própria aprendizagem, desenvolvem julgamentos mais coerentes com relação à aprendizagem e podem agir de forma mais autônoma. Eles desenvolvem maior consciência sobre o que estão ou não aprendendo. Assim, não ficam somente na dependência dos *feedbacks* dos professores para tomar as atitudes necessárias em relação à aprendizagem. Considerando a importância das estratégias de autoquestionamento no contexto escolar e acadêmico algumas atividades desenvolvidas com o objetivo de ensiná-las são apresentadas a seguir.

Como ensinar os estudantes a usar a estratégia de autoquestionamento?

O ensino da estratégia de autoquestionamento deve iniciar com um momento de reflexão dos estudantes sobre como eles utilizam essas estratégias, com a finalidade de que tomem consciência sobre como estão monitorando a sua aprendizagem e assim façam os ajustes que considerarem necessários.

No Quadro 1 são apresentadas quatro questões que investigam o monitoramento e o autoquestionamento dos estudantes com relação à motivação, à compreensão do conteúdo, à ansiedade e à concentração para realizar as atividades. Tomou-se a decisão de investigar também outras variáveis que não envolvessem apenas a compreensão, para que os estudantes entendessem que é possível monitorar outros aspectos envolvidos na aprendizagem.

Para a realização da atividade autorreflexiva sugere-se que sejam reservados aproximadamente vinte minutos. Os primeiros dez devem ser destinados à reflexão e realização da atividade. Os outros dez devem ser utilizados para a discussão das respostas. Essas questões também podem ser adaptadas de acordo com a disciplina, o ano escolar e o contexto. Por exemplo, o professor de Química, após corrigir uma prova, pode verificar que os seus alunos não se saíram tão bem. Nessa situação, ele pode adaptar essas questões autorreflexivas para ensinar a estratégia de autoquestionamento aos seus alunos. Uma possível adaptação seria: "Quando você estava estudando para a prova verificou se está conseguindo aprender?" "Você analisou se as estratégias de aprendizagem que utilizou estavam favorecendo a sua aprendizagem?

Após a discussão sobre a atividade autorreflexiva é chegado o momento de o professor apresentar a fundamentação teórica dessa estratégia aos estudantes. Entretanto, antes de o professor abordar o conteúdo novo (no caso, as estratégias de monitoramento), sugere-se que ele faça uma revisão do conteúdo ensinado na aula anterior. Para essa revisão recomenda-se a utilização de uma atividade de rememoração.

Quadro 1 – Atividade autorreflexiva para ensinar a estratégia de autoquestionamento

> 1) Percebo quando não estou motivado para estudar e aprender?
> ( ) Sempre   ( ) Algumas vezes   ( ) Nunca
> Como você percebe que não está motivado para estudar e aprender?
>
> 2) Percebo quando não estou compreendendo o conteúdo ou quando tenho dificuldade em realizar uma tarefa?
> ( ) Sempre   ( ) Algumas vezes   ( ) Nunca
> Como você percebe que não está compreendendo o conteúdo ou que está com dificuldade em realizar uma tarefa?
>
> 3) Percebo quando estou ansioso(a) para a realização de alguma atividade proposta em um curso?
> ( ) Sempre   ( ) Algumas vezes   ( ) Nunca
> Como você percebe que está ansioso?
>
> 4) Percebo quando perco a concentração em uma determinada tarefa?
> ( ) Sempre   ( ) Algumas vezes   ( ) Nunca
> Como você percebe que perdeu a concentração na tarefa?

Fonte: Autores (2020), com base na literatura da área.

A rememoração consiste em solicitar a um aluno, durante a aula, que faça as anotações dos pontos mais importantes nela ensinados. A aula seguinte deverá ser iniciada com a leitura das anotações que esse aluno fez sobre a aula anterior. Assim, o conteúdo da aula anterior é retomado, de forma a ajudar os estudantes a construir elos entre o que já sabem e o que aprenderão. Alguns modelos de *slides* para ensinar a estratégia de autoquestionamento da aprendizagem encontram-se a seguir.

Figura 1 – Modelos de *slides* para ensinar os fundamentos teóricos da estratégia de autoquestionamento

Fonte: Autoras (2020), com base na literatura da área.

No primeiro *slide* apresentado na Figura 1, a intenção foi retomar o conteúdo da aula anterior sobre planejamento e também mostrar a relação das duas estratégias, de planejamento e de monitoramento, uma vez que não adianta nada fazer um planejamento para atingir uma determinada meta se não é feito o monitoramento do que se consegue ou não atingir e do que precisa ser feito para modificar a situação, de forma a alcançar a meta pretendida. É necessário explicar aos estudantes como as estratégias de aprendizagem se relacionam umas com as outras, para que eles possam aprender a utilizá-las de forma conjunta e articulada.

O segundo *slide* da Figura 1 contém duas definições de monitoramento metacognitivo. Sugere-se que esses conceitos sejam apresentados aos alunos logo no início da aula, após a retomada do conteúdo do encontro anterior, realizada por meio da atividade de rememoração. Ensinar os conceitos desenvolvidos cientificamente auxilia os estudantes a saírem do senso comum e a reconhecerem que os temas tratados foram objeto de estudo e pesquisas; portanto, precisam aprendê-los e incorporá-los aos seus hábitos de estudo.

A Figura 2 contém dois exemplos de *slides* que revelam os benefícios do monitoramento.

Figura 2 – Modelos de *slides* para ensinar os fundamentos teóricos relacionados aos benefícios do monitoramento metacognitivo

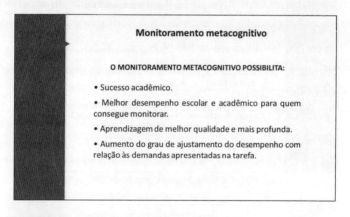

Fonte: Autores (2020), com base na literatura da área.

Esses dois *slides* que compõem a Figura 2 têm importância fundamental para que os estudantes passem a utilizar as estratégias de monitoramento. Eles ressaltam o que o monitoramento proporciona e quais são os benefícios que seu uso consciente pode trazer para a aprendizagem. Dada a importância do conteúdo desses dois *slides* sugere-se que eles sejam trabalhados pelos professores de forma bastante enfática, demonstrando aos alunos que as pesquisas verificaram que os estudantes têm uma aprendizagem mais profunda quando monitoram a aprendizagem, que monitorar a aprendizagem proporciona uma consciência mais realista do que aprendem e que estudantes que monitoram a aprendizagem apresentam melhor desempenho escolar e acadêmico. Convencer os estudantes sobre a importância e os benefícios de se utilizar estratégias de aprendizagem é o que de fato fará com que eles modifiquem seus hábitos de estudo. Do contrário, eles manterão seus velhos hábitos.

Por fim, a Figura 3 apresenta dois modelos de *slides*. O primeiro focaliza a questão do julgamento gerado pelo monitoramento e o segundo oferece exemplos de estratégias de monitoramento.

Figura 3 – Modelos de *slides* para ensinar os fundamentos teóricos da estratégia de autoquestionamento

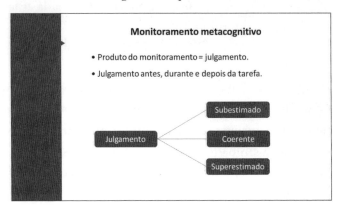

> **Exemplos de estratégias de monitoramento**
>
> - Autoavaliação da estratégia de aprendizagem selecionada para realizar uma tarefa.
> - Autoquestionamento acerca da compreensão do que está entendendo sobre o conteúdo.
> - Reflexão se a atenção está focada no conteúdo a ser aprendido.

Fonte: Autoras (2020), com base na literatura da área.

Para finalizar a fundamentação teórica acerca do monitoramento, o professor deve explicar aos alunos sobre o produto do monitoramento e sobre os diferentes tipos de julgamentos que os estudantes tendem a fazer. A explicação sobre eles encontra-se descrita na primeira parte do presente capítulo "A estratégia de autoquestionamento: fundamentos teóricos, conceituação, finalidade e benefícios à aprendizagem". Na sequência o professor deve mostrar aos estudantes as diferentes áreas e formas de monitoramento, tal como indica o segundo *slide*. Nesse momento o professor deve focalizar a estratégia de autoquestionamento e poderá relacioná-la às tarefas das disciplinas que ministram aulas.

Como atividade prática, uma sugestão pode ser a resolução de um desafio relacionado à sua área de conhecimento e apropriado ao nível escolar dos estudantes. A escolha de um desafio deve-se ao fato de que ele é fonte de motivação intrínseca, o que favorece o engajamento dos estudantes (Bzuneck, 2012; Stipek, 1998). A atividade proposta para ensinar o monitoramento, mais especificamente, a estratégia de autoquestionamento, pode ser visualizada a seguir.

Quadro 2 – Atividade para ensinar a estratégia de autoquestionamento, antes, durante e depois da realização de uma tarefa

DESAFIO DE LÓGICA – CAFÉ DA TARDE

Quatro clientes estão tomando o habitual cafezinho da tarde. Cada um pediu um café e algo para comer. Descubra quanto cada um gastou e qual café cada um escolheu.

		GASTO				CAFÉ			
		R$10	R$15	R$20	R$25	Cappucino	Expresso	Latte	Mocha
Cliente	Arnaldo								
	Everton								
	Lucas								
	Ronaldo								
Café	Cappucino								
	Espresso								
	Latte								
	Mocha								

1) O cliente que gastou R$ 15 comprou um expresso ou é o Arnaldo.
2) Everton gosta de mocha ou de expresso.
3) Lucas gastou mais do que o cliente que comprou um expresso.
4) O cliente que gastou R$ 20 comprou um cappuccino.
5) O cliente que comprou um expresso gastou R$ 10.
6) Lucas, quem comprou um mocha e quem gastou R$ 20 são clientes diferentes.

Fonte do desafio: https://www.geniol.com.br/logica/desafios/cafe-da-tarde/

1) Você acredita que conseguirá resolver o desafio?
( ) Sim   ( ) Não   Justifique

2) Registre tudo o que pensou durante a realização do desafio.

3) Você acha que acertou o desafio?
( ) Sim   ( ) Não   ( ) Mais ou menos
Justifique a sua resposta.

Fonte: Autoras (2020), com base na literatura da área.

Esta atividade trabalhará com o monitoramento e o seu produto, o julgamento, em três momentos distintos: antes, durante e depois da realização da tarefa. Antes de iniciar a tarefa os estudantes farão a leitura do desafio e julgarão se conseguirão completá-lo ou não, justificando a sua resposta. Após responderem à questão referente à capacidade de completar o desafio será o momento de resolvê-lo de fato. Durante a realização do desafio o professor precisa estimular o estudante a anotar tudo o que ele pensou para resolvê-lo. O estudante deve registrar quais os caminhos percorridos, quando ele percebeu a necessidade de pensar de outra forma e se precisou mudar a estratégia. No final do desafio os estudantes julgarão se o acertaram, não acertaram ou o acertaram mais ou menos, justificando as suas respostas.

Pela descrição da atividade é possível perceber que a estratégia de autoquestionamento encontra-se presente em todos os momentos da tarefa. Primeiramente os estudantes precisam analisar o desafio e julgar se são capazes de realizá-lo. Na sequência, para resolver o desafio, eles terão que refletir se estão no caminho certo e se estão conseguindo fazer a tarefa. Assim, eles estão também questionando a sua compreensão da tarefa. Ao final da tarefa eles se questionarão se conseguiram acertar o desafio. Os estudantes – em especial os mais novos – podem não perceber que estão usando estratégias de autoquestionamento a partir da atividade proposta. É importante que o professor explicite esse uso da estratégia de autoquestionamento aos alunos. Deve também lhes perguntar se descrever tudo o que fizeram para completar o desafio facilitou ou não sua realização. Ao término da atividade é relevante pedir aos estudantes que reflitam se o julgamento final foi condizente com o inicial. Para os estudantes mais novos, julgar de forma correta pode ser difícil, mas tudo isso pode ser melhorado mediante a intervenção do professor e com mais atividades que promovam o emprego da estratégia de monitoramento; em especial, o autoquestionamento.

Considerações finais

O objetivo do capítulo foi apresentar os fundamentos teóricos acerca do monitoramento metacognitivo e mostrar como as estratégias de monitoramento da compreensão – principalmente a estratégia de autoquestionar a compreensão, a capacidade para realizar uma tarefa, a atenção, entre outros processos psicológicos – podem ser ensinadas para estudantes dos ensinos Fundamental, Médio e Superior (Góes & Boruchovitch, 2017).

Os relatos feitos pelos estudantes e professores que testaram as atividades ora descritas revelaram que eles usavam estratégias de autoquestionamento; no entanto, desconheciam a sua importância para aprendizagem e as empregavam, sem seguir nenhum critério. Eles também apresentaram dificuldade de escrever tudo o que pensaram para completar o desafio, o que pode indicar falhas no seu monitoramento. Os estudantes, em sua maioria, subestimaram a própria capacidade de realizar a tarefa, o que reforça a necessidade de ensinar as estratégias de monitoramento metacognitivo para que julgamentos mais precisos possam ser alcançados. Espera-se que as atividades sugeridas possam ser úteis não só para desenvolver nos alunos as estratégias de autoquestionamento durante a escolarização, mas também para inspirar novas ideias e possibilidades de adaptação para diferentes níveis de escolarização.

Referências

Boruchovitch, E. (1999). Estratégias de aprendizagem e desempenho escolar: considerações para a prática educacional. *Psicologia Reflexão e Crítica*, *12*(2).

Bzuneck, J.A. (2010). Como motivar os alunos: sugestões práticas. In: E. Boruchovitch., J. A. Bzuneck., & S. E. Guimarães. *Motivação para aprender: aplicações no contexto educativo.* 2. ed. Petrópolis: Vozes.

Coelho, C. L. G., & Correa, J. (2010). Desenvolvimento da compreensão leitora através do monitoramento da leitura. *Psicologia: Reflexão e Crítica*, *23*(3), 575-581.

Efklides, A. (2006). Metacognition and affect: what can metacognitive experiences tell us about the learning process? *Educational Research Review*, *1*(1), 3-14.

Flavell, J. H. (1979). Metacognition and cognitive monitoring: a new area of cognitive-developmental inquiry. *American Psychologist*, *34*(10).

Góes, N. M., & Boruchovitch, E. (2017). *Uma proposta de formação autorreflexiva para a promoção das estratégias de aprendizagem entre docentes em exercício e futuros professores*. Procedimentos de Intervenção desenvolvidos. Não publicado. Faculdade de Educação, Unicamp.

Koriat, A., Ackerman, R., Lockl, K., & Schneider, W. (2009). The easily learned, easily remembered heuristic in children. *Cognitive Development*, *24*, 169-182.

Nelson, T., & Narens, L. (1996). Why investigate metacognition? In: J. Metcalfe., & A. P. Shimamura (eds.). *Metacognition, knowing about knowing* (pp. 1-27). Cambrigde: MIT Press.

Pintrich, P. R. (1999). The role of motivation in promoting and sustaining self-regulated learning. *International Journal of Educational Research*, *31*(1), 459-470.

Pozo, J. I. (1996). Estratégias de aprendizagem. In: C. Coll., J. Palacios., & A. Marchesi. *Desenvolvimento Psicológico e Educação* (pp. 176-197). Porto Alegre: Artes Médicas.

Stipek, D.J. (1998). *Motivation to learn: from theory to practice*. Englewood Cliffs, NJ: Prentice Hall.

Tanikawa, H. A. M., & Boruchovitch, E. (2016). O monitoramento metacognitivo de alunos do Ensino Fundamental. *Psicologia Escolar e Educacional* (Impresso), *20*, 457-464.

Vidal-Abarca, E., Mañá, A., & Gil, L. (2010). Individual differences for self-regulating task-oriented reading activities. *Journal of Educational Psychology*, *102* (4), 817-826.

Zampieri, M., & Schelini, P. W. (2013). Monitoramento metacognitivo de crianças de acordo com o nível de desempenho em medidas de capacidade intelectual. *Psico, 44*(2), 280-287.

Zimmerman, B.J. (2002). Becoming a self-regulated learner: an overview. *Theory into Practice, 41*(2), 64-70.

Zimmerman, B.J. (2013). From cognitive modeling to self-regulation: a social cognitive career path. *Educational Psychologist, 48*(3), 135.

4
As estratégias de regulação da motivação

Como ensinar os alunos a manter-se motivados no contexto educativo?

Introdução

Depois de os estudantes estabelecerem metas para atingir o que almejam e monitorar se estão conseguindo alcançá-las é o momento de aprenderem a regular os comportamentos ou ações que consideram não estar maximizando a sua aprendizagem. A regulação, tema do presente capítulo, consiste em modificar algum comportamento com a finalidade de se obter um melhor resultado ou desempenho na tarefa a ser realizada. Pode também ser utilizada para melhorar ainda mais o desempenho, não sendo empregada somente quando se detectam problemas ou falhas. Existem inúmeras estratégias de regulação destinadas a diferentes finalidades (Boruchovitch, 1999; Pintrich, 1999; Pozo, 1996). Reler um texto, caso perceba que não conseguiu compreendê-lo, pedir ajuda a algum colega ou professor, trocar de estratégia quando se reconhece que ela não está favorecendo a aprendizagem, entre outras, são exemplos de estratégias de regulação da aprendizagem usadas no contexto educacional.

Há também estratégias de regulação que operam nas variáveis que interferem na aprendizagem, como a motivação e a emoção. Uma estratégia bastante empregada pelos estudantes para regular a sua motivação é pensar na importância que o conteúdo a ser aprendido tem para sua vida profissional ou para o seu dia a dia. Conversar consigo mesmo para se acalmar, dizendo que tudo dará certo é um exemplo de estratégia de regulação da emoção.

Nos dias de hoje as crianças e os jovens apresentam uma infinidade de recursos, como os celulares, as redes sociais, os jogos, os vídeos e filmes, que podem ser considerados mais interessantes do que as tarefas e atividades escolares. Diante desse vasto conjunto de distrações é de extrema relevância que os estudantes, dos diferentes níveis de escolarização, tenham um repertório amplo de estratégias de autorregulação da motivação e saibam como, onde e por que utilizá-lo para otimizar a própria aprendizagem. Nesse sentido, o presente capítulo abordará as estratégias de autorregulação da motivação.

A autorregulação da motivação: fundamentos teóricos, conceituação, finalidade e benefícios à aprendizagem

Os estudos que investigam a capacidade de os estudantes de monitorar e regular o esforço e a persistência durante a realização de uma tarefa – ou seja, de regular a própria motivação – ainda são escassos, sobretudo no Brasil (Bzuneck & Boruchovitch, 2016; Paulino & Silva, 2012; Pintrich, 2004; Schwinger, Steinmayr, & Spinath, 2009; Wolters, 1998, 2003, 2011). Até pouco tempo atrás não se acreditava que os indivíduos poderiam regular a própria motivação (Wolters, 1998). Hoje, as pesquisas reconhecem que os estudantes são capazes de autorregular não só a cognição, o comportamento e o ambiente, mas também a motivação (Bzuneck & Boruchovitch, 2016; Paulino & Silva, 2012; Pintrich, 2004; Wolters, 1999, 2003, 2011; Wolters & Rosenthal, 2000).

A autorregulação da motivação pode ser definida como as ações realizadas deliberadamente com o objetivo de influenciar, de controlar ou de gerenciar a motivação. Inclui conhecimento, monitoramento e gerenciamento ativo da própria motivação e atua dentro de um maior sistema, que é o da autorregulação da aprendizagem, abordada no capítulo 1 da presente obra (Schwinger & Steensmeier-Pelster, 2012; Wolters, 2003, 2011). Autores como Wolters (1999, 2011) e Wolters e Benzon (2013) indicaram que existem pelo menos três dimensões distintas da autorregulação da motivação: o conhecimento, o monitoramento e o controle da motivação. O conhecimento da motivação refere-se ao conhecimento que o estudante tem sobre a própria motivação. Envolve o conhecimento declarativo (conhecer várias estratégias), processual (como utilizar estas estratégias) e condicional (quais estratégias utilizar a depender do momento). O monitoramento da motivação consiste em estar atento e consciente sobre a própria motivação e obter *feedback* do seu processo motivacional no decorrer da realização da atividade. O monitoramento perpassará toda a realização da tarefa, desde o início (predição da motivação), durante (experiência de motivação) ou depois da conclusão da tarefa (reflexão acerca da motivação). Já o controle motivacional contempla ações para intervir e controlar a própria motivação. Engloba as estratégias reais utilizadas pelos estudantes para gerenciar o nível ou a natureza da sua motivação numa dada situação (Wolters & Benzon, 2013).

Wolters (2003), Paulino e Silva (2012) e Wolters e Benzon (2013) constataram que há uma relação causal entre as crenças motivacionais dos estudantes e o emprego das estratégias de autorregulação da motivação. Esses pesquisadores verificaram que o uso de estratégias de autorregulação da motivação é desencadeado, na maioria das vezes, quando os estudantes apresentam algum problema em seu nível motivacional. Assim, é possível dizer que, quando os estudantes se encontram altamente motivados dentro de um contexto particular, torna-se improvável que utilizem estratégias de autorregulação da motivação. As pesquisas que visaram conhecer as estratégias de autorregulação da motivação utilizadas por estudantes constataram que eles utilizam muitas estratégias com essa finalidade. Wolters e Benzon (2013), ao investigarem os estudantes universitários, identificaram seis tipos diferentes de estratégias de autorregulação da motivação: regulação do valor, regulação do desempenho, autoconsequenciação, estruturação do ambiente, regulação do interesse situacional e regulação da meta para aprender.

As estratégias de regulação do valor refletem o esforço do estudante em tornar a tarefa mais passível de ser realizada, fazendo com que o material pareça mais útil, interessante ou importante para aprender. "Faço um esforço para relacionar o que estou aprendendo com o meu interesse pessoal" é um exemplo dessa estratégia. A estratégia de regulação do desempenho se refere ao esforço do estudante para completar e realizar bem uma tarefa, motivado pela importância de tirar uma boa nota e de ter bom desempenho. Um exemplo dessa estratégia é: "Relembro para mim mesmo como é importante ir bem nas provas e tarefas do curso". A estratégia de autoconsequenciação envolve a prática de oferecer recompensas a si próprio com o objetivo de se impulsionar para a realização de uma tarefa. "Prometo a mim mesmo que posso fazer alguma coisa de que gosto mais tarde se eu terminar o trabalho agora" é um exemplo dessa estratégia. A estratégia de estruturação do ambiente expressa o esforço do estudante para controlar aspectos do seu contexto físico, ambiental ou pessoal que podem atrapalhar a aprendizagem: "Modifico meu ambiente para que seja mais fácil me concentrar no meu trabalho" é um exemplo desse tipo de estratégia. A estratégia de regulação do interesse situacional envolve o investimento do estudante em tornar a tarefa mais agradável e divertida para manter-se focado e terminá-la. Para exemplificar essa estratégia pode-se citar: "Torno o estudo mais agradável transformando-o em um jogo". Por fim, a estratégia de regulação da meta aprender reforça o desejo do estudante de melhorar e aprender o conteúdo da melhor maneira possível, tendo em vista apenas a aprendizagem. "Falo para mim mesmo que devo continuar estudando para aprender tanto quanto eu puder" é um exemplo dessa estratégia.

Além das estratégias de autorregulação da motivação descritas por Wolters e Benzon (2013), Grunschel, Schwinger, Steinmayr e Fries (2016) identificaram mais duas: a estratégia de conversar consigo mesmo para a meta *performance*-evitação e a estratégia de estabelecer metas a curto prazo. A estratégia de conversar consigo mesmo para a meta *performance*-evitação diz respeito ao esforço do estudante em realizar bem uma tarefa com o objetivo apenas de evitar passar vergonha, caso o seu desempenho seja inferior ao esperado. "Imagino que meus colegas se divertirão com o meu mau desempenho" é um exemplo desse tipo de estratégia. Já a estratégia de estabelecer metas em curto prazo consiste em dividir a meta de longo prazo em metas menores que possam ser atingidas em um curto espaço de tempo. Como exemplo dessa estratégia pode ser citada a que se segue: "Digo a mim mesmo que posso dominar as tarefas se eu me comprometer com as metas de curto prazo" (Grunschel et al., 2016).

Para que o uso das estratégias de autorregulação da motivação promova a permanência do estudante na tarefa não basta apenas que ele as conheça. O aluno precisa ter consciência de como e onde utilizá-las. Precisa também monitorar e controlar o seu emprego. No entanto, o estudante só conseguirá desenvolver essas estratégias se de alguma forma for apresentado a elas. Wolters (2011) sugere quatro formas interdependentes de influência social da autorregulação da motivação: a modelação, a emulação, a instrução direta e o processo sociocultural. A modelação consiste na observação direta de alguém, nesse caso, aplicando as estratégias de autorregulação da motivação. A emulação é um pouco mais complexa do que a modelação e requer que uma pessoa mais experiente facilite ou ajude a outra pessoa a desenvolver a habilidade necessária. Esse tipo de instrução requer orientações, apoios e *feedbacks* aos estudantes. A instrução direta envolve o ensino das estratégias de autorregulação da motivação por um professor a um grupo de estudantes. Pode acontecer também entre pares; por exemplo, um estudante ensinar o outro como utilizar uma estratégia de autorregulação da motivação específica. Por fim, o processo sociocultural ocorre mais a longo prazo porque advém de forças históricas, culturais e sociais, por meio de livros e publicações em periódicos sobre a motivação e sobre como melhorá-la, o que serve de evidência para que esse obstáculo seja superado e que os indivíduos sejam convencidos sobre a sua importância (Wolters, 2011).

Ao reconhecer que estudantes precisam lutar diariamente para se manter motivados e completar tarefas que muitas vezes não são interessantes, em tempos em que a variedade de divertimentos e distratores é imensa, a autorregulação da motivação é essencial. A literatura aponta que essas estratégias são passíveis de ser ensinadas e que o professor exerce um papel fundamental nesse contexto (Bzuneck & Boruchovitch, 2016; Wolters, 2011). Atividades e orientações sobre como os professores podem ensinar as estratégias de autorregulação da motivação para seus alunos no contexto de sala de aula são apresentadas a seguir.

Como ensinar as estratégias de autorregulação da motivação aos estudantes?

Para introduzir o tema, as estratégias de autorregulação da motivação aos alunos, sugere-se que o professor utilize atividades autorreflexivas, pois elas, além de potencializar a reflexão sobre a própria regulação da motivação dos estudantes, permitem acessar os conhecimentos prévios dos estudantes sobre essas estratégias. O Quadro 1 contém questões autorreflexivas que podem ser utilizadas nesse momento.

Quadro 1 – Atividade para promover autorreflexão sobre a estratégia de regulação

1) Quando você precisa fazer uma tarefa que acha desinteressante, sente vontade de não fazê-la? (   ) Sim   (   ) Não. Você tem algum método para se motivar para realizá-la? Relate-o. 2) Você fica ansioso(a) diante de situações avaliativas? (Provas e apresentação de trabalhos.) (   ) Sim   (   ) Não. Você tem algum método para controlar a sua ansiedade? Relate-o. 3) Você percebe quando não está com a atenção focada no que está lendo? (   ) Sim   (   ) Não. Você tem algum método para controlar a sua atenção e focá-la na tarefa? Relate-o. 4) Quando você está triste com alguma coisa que aconteceu, isso atrapalha o seu estudo? (   ) Sim   (   ) Não Você tem algum método para controlar a tristeza e se manter engajado no estudo? Relate-o.

Fonte: Autoras (2020), com base na literatura da área.

No Quadro 1 é possível observar que as questões autorreflexivas não estão voltadas unicamente para a autorregulação da motivação (Questão 1), mas também investigam a autorregulação das emoções (Questões 2 e 4) e a autorregulação da atenção (Questão 3). É necessário que o professor deixe claro que os estudantes podem ter controle e regular os inúmeros fatores que interferem na sua aprendizagem, e não apenas a sua motivação. Além disso, ao empregar a atividade autorreflexiva o professor deve reforçar a importância do monitoramento, pois é o julgamento gerado pelo monitoramento que indicará ao estudante que ele não está motivado, atento ou interessado. O monitoramento é condição essencial para que ocorra a regulação das variáveis que afetam a aprendizagem.

Assim como foi ressaltado no capítulo anterior, para a realização da atividade autorreflexiva o professor deve destinar vinte minutos, dez para a realização da atividade e os dez restantes para a discussão. Quando essa atividade foi utilizada em experiências anteriores, realizadas pelas autoras, a maioria dos estudantes se envolveu e respondeu detalhadamente a cada uma das questões propostas. Alguns estudantes mencionaram que nada faziam para se manter motivados. O professor pode aproveitar a oportunidade para motivar os alunos a aprenderem as diferentes estratégias para autorregular a motivação.

Após a atividade autorreflexiva parte-se para a apresentação da fundamentação teórica. Para esse momento sugere-se que inicialmente sejam retomados os conteúdos da aula anterior. Essa revisão pode ser feita a partir da atividade da rememoração descrita no capítulo 3 ou por uma síntese realizada pelo próprio professor. Os modelos de *slides* e de conteúdos que o professor pode usar para a apresentação da fundamentação teórica sobre as estratégias de autorregulação da motivação estão na Figura 1.

Figura 1 – Modelos de *slides* para o ensino dos fundamentos teóricos acerca das estratégias de autorregulação da motivação

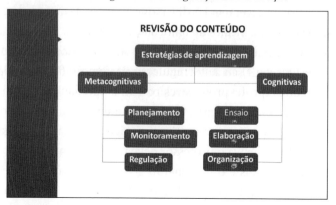

> **DEFINIÇÃO DE REGULAÇÃO METACOGNITIVA**
>
> Conjunto de habilidades autorregulatórias e estratégias usadas pelos estudantes para controlar e coordenar sua aprendizagem e desempenho (Backer, Keer, & Valcke, 2012, p. 1.595).

Fonte: Autoras (2020), com base na literatura da área.

A Figura 1 contém dois modelos de *slides*: um para a revisão do conteúdo e o outro conceituando a regulação metacognitiva. O *slide* de revisão do conteúdo foi construído pensando exclusivamente em recuperar para os alunos onde as estratégias de regulação se inserem no conceito maior de estratégias de aprendizagem. Assim, cabe ao professor chamar a atenção sobre esse aspecto, quando estiver retomando o conteúdo, ou contextualizá-lo, caso queira ensinar somente algum tipo de estratégia.

O outro modelo de *slide* conceitua a regulação metacognitiva. Quando o professor explicar do que se trata essa estratégia deve mostrar que é possível regular diversos aspectos relacionados à própria aprendizagem, como: as emoções, a atenção, a concentração e a motivação, mas que o foco da aula será na autorregulação da motivação. A seguir são apresentados mais dois modelos de *slides*, com conteúdos que os professores podem empregar para definir a autorregulação da motivação e seus componentes.

Figura 2 – Modelos de *slides* para ensinar os fundamentos teóricos da autorregulação da motivação

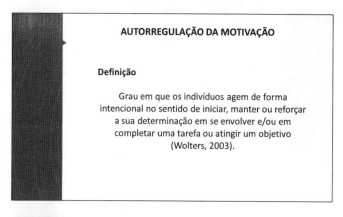

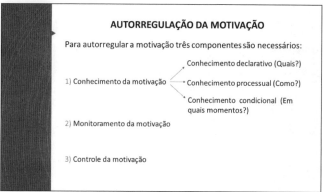

Fonte: Autoras (2020), com base na literatura da área.

Nos *slides* da Figura 2 a autorregulação da motivação é definida (*slide* 1) e os componentes essenciais ao seu alcance de modo eficaz são descritos (*slide* 2). As explicações sobre o *slide* 2 foram dadas anteriormente no tópico "A autorregulação da motivação: fundamentos teóricos, conceituação, finalidade e benefícios à aprendizagem". Na sequência são apresentados mais dois modelos de *slides* para a fundamentação teórica.

Figura 3 – Modelos de *slides* para ensinar os fundamentos teóricos das estratégias de autorregulação da motivação

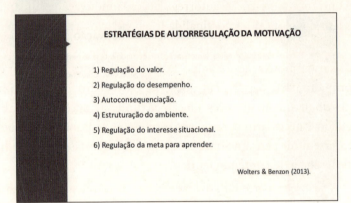

Fonte: Autoras (2020), com base na literatura da área.

Os professores, além de conceituarem a regulação, as estratégias de autorregulação da motivação e os componentes necessários para autorregular a motivação, precisam mostrar aos alunos que a autorregulação da motivação tem sido alvo de pesquisa, com resultados positivos para a aprendizagem. Assim, devem dizer aos alunos, conforme pode ser visto no primeiro *slide* da Figura 3, que ainda são poucos os estudos sobre a autorregulação da motivação, mas que a maioria deles examinou as relações das estratégias de autorregulação da motivação com o desempenho escolar e acadêmico. Os resultados revelaram que estudantes que utilizam mais estratégias de autorregulação da motivação apresentam melhor desempenho, quando comparados com os que usam pouco. Apresentar para o estudante evidências de pesquisa é sempre necessário, pois aumenta a probabilidade de que ele se mobilize e se esforce para aprender a empregar as diferentes estratégias de autorregulação da motivação. O último *slide* mostra um conjunto de estratégias de autorregulação da motivação. Ele é importante porque muitos estudantes podem não conhecer as diferentes estratégias de autorregulação da motivação, como aconteceu quando essa aula foi ministrada para estudantes do Ensino Superior e com os professores em exercício. As explicações e os fundamentos teóricos dessas estratégias também se encontram no tópico "A autorregulação da motivação: fundamentos teóricos, conceituação, finalidade e benefícios à aprendizagem".

A atividade desenvolvida para ensinar as estratégias de autorregulação da motivação é composta por duas partes. Sugere-se que a primeira parte da atividade, descrita no Quadro 2, seja realizada antes do momento da apresentação da fundamentação teórica. Esse cuidado é necessário para que os estudantes respondam ao que de fato fazem ou pensam sobre as questões propostas, sem que haja interferência do conteúdo teórico.

A primeira parte da atividade sobre as estratégias de autorregulação da motivação é bem simples. Recomenda-se que, nesse primeiro momento, os professores não forneçam muitas informações sobre ela, deixem os alunos respondê-la e retornem a ela no fim da aula. Após a fundamentação teórica sugere-se que o professor utilize a segunda parte da atividade.

No final da aula o professor poderá solicitar aos estudantes para que voltem à primeira parte da atividade e discutam sobre as razões pelas quais utilizam algumas estratégias de autorregulação da motivação mais do que outras, em pequenos grupos. Nesse momento, pelas experiências anteriores com o uso dessa atividade, estudantes poderão relatar o desconhecimento de algumas estratégias.

**Quadro 2 – Atividade para o ensino da autorregulação da motivação
(Antes da fundamentação teórica)**

Dentre as estratégias de autorregulação da motivação apresentadas a seguir, selecione uma estratégia que você frequentemente utiliza e uma que você dificilmente utiliza ou não utiliza. Após selecioná-las responda às questões.

1) Tento fazer o conteúdo parecer mais útil ao relacioná-lo com o que pretendo fazer em minha vida.

2) Convenço a mim mesmo a continuar estudando quando penso em ter um bom desempenho.

3) Digo a mim mesmo que posso fazer alguma coisa de que gosto mais tarde se agora eu fizer a atividade que preciso.

4) Tento me livrar de todas as distrações que estão ao meu redor.

5) Tento transformar em um jogo a aprendizagem de um conteúdo ou a realização de uma atividade do curso.

6) Digo a mim mesmo que devo continuar estudando apenas para aprender o máximo que puder.

Questão 1 – Qual estratégia você frequentemente utiliza? Justifique a utilização dessa estratégia.

Questão 2 – Qual estratégia que você dificilmente utiliza ou não utiliza? Justifique por que utiliza pouco ou não utiliza essa estratégia.

Fonte: Autoras (2020), com base em Wolters e Benzon (2013).

**Quadro 3 – Atividade para o ensino da estratégia de regulação:
autorregulação da motivação (depois da apresentação do conteúdo da aula)**

Depois da aula sobre estratégias de autorregulação da motivação você passaria a utilizar alguma estratégia de autorregulação da motivação diferente das que você já utiliza? Por quê? De que forma você aplicaria essa estratégia para estudar para a disciplina de _____?

Fonte: Autoras (2020), com base na literatura da área.

Também poderão ressaltar que nunca pensaram que utilizá-las os ajudaria a estudar. O professor desempenha um papel fundamental nessa discussão, pois ele poderá conduzi-la no sentido de instigar que agora que os alunos já as conhecem, sabem da sua importância, que passem então a utilizá-las.

A segunda parte da atividade a ser realizada depois da apresentação do conteúdo tem a finalidade de colocar em prática as estratégias de autorregulação da motivação aprendidas durante a aula. Nessa atividade é solicitado que os estudantes pensem sobre tudo que o foi ensinado no decorrer da aula e respondam qual(is) estratégia(s) eles passariam a usar e também como utilizariam essa estratégia no estudo de uma disciplina específica. O professor pode direcioná-la à sua disciplina ou a outra atividade de estudo específica; por isso o espaço em branco no modelo de atividade. Mediante as respostas dos estudantes o professor poderá ajustar as possibilidades de uso da estratégia, instigar que eles empreguem realmente as estratégias e, em um momento posterior, poderá pedir para que relatem como foi a experiência de incluir essas estratégias em seus hábitos de estudo.

Considerações finais

O objetivo deste capítulo foi apresentar os fundamentos teóricos acerca da regulação da aprendizagem e mostrar como os professores podem ensinar as estratégias de autorregulação da motivação para estudantes dos diferentes níveis escolares (Góes & Boruchovitch, 2017). Ao examinar a eficácia dessas atividades anteriormente com estudantes do Ensino Superior e professores do Ensino Médio verificou-se que muitas estratégias de autorregulação da motivação ainda eram desconhecidas para eles. Além disso, eles ficaram impressionados ao saber que essas estratégias poderiam ajudá-los a se manter motivados para concluir suas tarefas acadêmicas. Pelos relatos feitos pelos estudantes e professores, averiguou-se ainda um grande interesse, por parte deles, de incorporar as estratégias de autorregulação da motivação em seus hábitos de estudo. Esses dados reforçam a importância de ensinar essas estratégias, levando em conta as especificidades de cada segmento da escolarização.

Referências

Boruchovitch, E. (1999). Estratégias de aprendizagem e desempenho escolar: considerações para a prática educacional. *Psicologia, Reflexão e Crítica, 12*(2).

Bzuneck, J. A., & Boruchovitch, E. (2016). Motivação e autorregulação da motivação no contexto educativo. *Psicologia, Ensino e Formação, 7*(2), 73-84.

Góes, N. M., & Boruchovitch, E. (2017). Uma proposta de formação autorreflexiva para a promoção das estratégias de aprendizagem entre docentes em exercício e futuros professores – Procedimentos de intervenção desenvolvidos. Não publicado. Faculdade de Educação, Unicamp.

Grunschel, C., Schwinger, M., Steinmayr, R., & Fries, S. (2016). Effects of using motivational regulation strategies on students' academic procrastination, academic *performance*, and well-being. *Learning and individual differences, 49*, 162-170.

Paulino, P., & Silva, A. L. (2012). Promover a regulação da motivação na aprendizagem. *Cadernos de Educação, 42*(96), 96-118.

Pintrich, P. R. (1999). The role of motivation in promoting and sustaining self-regulated learning. *International Journal of Educational Research, 31*(1), 459-470.

Pintrich, P. R. (2004). A conceptual framework for assessing motivation and self-regulated learning in college students. *Educational Psychology Review, 16*(4), 385-407.

Pozo, J. I. (1996). Estratégias de aprendizagem. In: C. Coll., J. Palacios., A. Marchesi. *Desenvolvimento psicológico e educação* (pp. 176-197). Porto Alegre: Artes Médicas.

Schwinger, M., Steinmayr, R., & Spinath, B. (2009). How do motivational regulation strategies affect achievement: mediated by effort management and moderated by intelligence. *Learning and individual Differences, 19*(4), 621-627.

Schwinger, M., & Stiensmeier-Pelster, J. (2012). Effects of motivational regulation on effort and achievement: a mediation model. *International Journal of Educational Research, 56*, 35-47.

Wolters, C. A. (1998). Self-regulated learning and college students' regulation motivation. *Journal of Education Psychology, 90*(2), 224-235.

Wolters, C. A. (1999). The relation between high school students' motivational regulation and their use of learning strategies, effort, and classroom *performance. Learning and Individual Differences, 3*(3), 281-299.

Wolters, C. A. (2003). Regulation of motivation: evaluating and underemphasized aspect of self-regulated learning. *Educational Psychologist, 38*(4), 189-205.

Wolters, C. A. (2011). Regulation of motivation: contextual and social aspects. *Teachers College Record, 113*(2), 265-283.

Wolters, C. A., & Benzon, M. B. (2013). Assessing and predicting college students' use of strategies for the self-regulation. *The Journal of Experimental Education, 81*(2), 199-221.

Wolters. C. A., & Rosenthal, H. (2000). The relation between student's motivational beliefs and their use of motivational regulation strategies. *International Journal of Educational Research, 33*, 801-820.

Parte II

Estratégias de aprendizagem cognitivas

Como promovê-las no contexto educativo?

5
Como sublinhar corretamente?

Os benefícios do sublinhar para aprendizagem

Introdução

Até o momento, na presente obra, atenção foi dada às estratégias de aprendizagem metacognitivas de planejamento, monitoramento e regulação. O conhecimento metacognitivo é essencial para a aprendizagem, pois é, por meio dele, que o estudante consegue escolher as estratégias mais apropriadas para o seu estilo de aprendizagem, estabelecer metas, desenvolver planos para atingi-las, monitorar os processos que podem estar interferindo na sua aprendizagem e modificar o que precisa para aprender mais e melhor.

No capítulo 1 deste livro as estratégias de aprendizagem cognitivas foram conceituadas como procedimentos utilizados pelos estudantes no momento da realização de uma tarefa. Procedimentos esses que auxiliam na aquisição, no armazenamento e na recuperação da informação. Para que os estudantes consigam selecionar as estratégias de aprendizagem cognitivas mais adequadas para aprender eles precisam saber como aprendem, o que precisam fazer para aprender e como podem potencializar a própria aprendizagem. As estratégias de aprendizagem cognitivas e metacognitivas são essenciais para a aprendizagem e são mais efetivas quando usadas conjuntamente (McCombs, 2017; Weinstein & Acee, 2018). Quando assim o fazem os estudantes planejam a realização da tarefa, selecionam as estratégias de aprendizagem mais adequadas para aprender, monitoram o emprego das estratégias e as modificam, caso percebam que não estão favorecendo a aprendizagem.

Na literatura são encontradas diferentes estratégias de aprendizagem cognitivas (Boruchovitch, 1999; Dembo & Seli, 2008; McCombs, 2017; Weinstein & Acee, 2018). Sublinhar um texto, fazer anotações, repetir a informação oralmente ou por escrito, criar associações com informações já aprendidas, fazer resumos, relacionar o novo conteúdo com alguma coisa do dia a dia, localizar as palavras-chave e conceitos-chave, criar questões e respondê-las, parafrasear e desenvolver mapas conceituais são exemplos de estratégias de aprendizagem cognitivas.

Todas as estratégias cognitivas são valiosas para promover a aprendizagem, mas umas são mais poderosas do que outras. A estratégia de ensaio, por exemplo, que consiste na repetição oral ou escrita da informação, não garante a aprendizagem profunda da informação por se tratar de uma estratégia que não requer uma elaboração mais pessoal do conteúdo pelo estudante. O ideal seria que, ao utilizá-la, o aluno a combinasse com outros tipos de estratégias, como as de elaboração e de organização (Sánchez, 2004). Considerando que a estratégia sublinhar é uma das estratégias cognitivas de ensaio mais empregadas pelos estudantes durante o estudo, ela será tratada em detalhes a seguir.

A estratégia de sublinhar: fundamentos teóricos, conceituação, finalidade e benefícios à aprendizagem

A estratégia de sublinhar pode ser definida como o ato de grifar as partes principais de um material a ser aprendido, que pode ser um texto ou um problema matemático (Yamada, Kitamura, Miyahara, & Yamauchi, 2009). Essa estratégia é considerada uma das mais populares entre os estudantes, por ser de simples aplicação e por não exigir grande esforço (Boruchovitch & Mercuri, 1999; Leutner, Leopold, & Elzen-Rump, 2007; Noguerol, 1999). Embora seja uma estratégia muito conhecida e utilizada, será que os estudantes, ao usá-la, sabem como, quando e onde aplicá-la para melhor fomentar a aprendizagem? Na maioria das vezes, não! Na realidade, o que se observa entre os estudantes é que muitos não utilizam o sublinhar com a intenção de potencializar a aprendizagem. Essa prática fica evidente quando sublinham as informações irrestritamente, sem critério algum e acabam sublinhando o texto todo. Essas constatações confirmam a necessidade de que se ensine os estudantes a sublinharem as partes principais do texto, desde o início do processo de alfabetização.

O sublinhar permite ao estudante focalizar e manter a atenção no material de estudo (Leutner et al., 2007; Noguerol, 1999). Ao sublinhar um texto ele precisa se perguntar, em todos os momentos, o que é importante aprender daquele material, e sublinhar de forma condizente. O sublinhar também favorece a revisão das ideias principais do material. Assim, é primordial que os estudantes realmente sublinhem o que é essencial para que, ao revisarem o material posteriormente, possam destinar mais atenção às partes sublinhadas. McAndrew (1983) aponta que sublinhar partes relevantes do material aumenta de forma significativa a compreensão do que está sendo. Já as marcações excessivas e irrelevantes apresentam efeitos negativos para a aprendizagem.

Leutner et al. (2007) afirmam que a estratégia de sublinhar pode ser considerada uma primeira etapa para uma aprendizagem profunda da informação e reconhecem que as estratégias tanto podem ter um nível superficial quanto um nível profundo. O nível superficial envolve a leitura de um texto e a tentativa de lembrar ou aprender algumas informações que pareçam ser importantes. Já o nível profundo inclui a seleção e estruturação de informações importantes, vinculando as informações do texto aos conhecimentos prévios, de forma a construir uma representação mental coerente do texto.

De acordo com Weinstein e Mayer (1986), a estratégia de sublinhar apresenta duas funções principais, a de codificação da informação e a de armazenamento da informação. Na função de codificação o estudante, ao iniciar a leitura do material, busca analisar, selecionar e focar a sua atenção no que é importante do material que está lendo. Na fase de armazenamento o estudante retomará o material grifado e fará uma revisão das partes sublinhadas para utilizá-las posteriormente. É comum verificar que os estudantes tendem a utilizar a estratégia de sublinhar apenas como uma forma de codificação da informação, usando-a somente quando estão lendo, não se preocupando com a função posterior da estratégia, que é justamente a de ajudar no armazenamento e na recuperação da informação. Ao agirem dessa maneira, sublinham o texto durante a leitura e nunca mais revisam o material sublinhado. Essa prática faz com que o sublinhar acabe perdendo muito da sua função enquanto uma estratégia de aprendizagem, pois operará apenas no momento da codificação da informação.

Com o objetivo de alcançar as duas funções do sublinhar Dumke e Schafer (1986) desenvolveram cinco passos que orientam os estudantes sobre como sublinhar um texto corretamente. O primeiro passo contempla uma análise rápida do texto e dos seus tópicos principais. O segundo requer a leitura cuidadosa de cada parágrafo. O terceiro consiste em sublinhar os pontos principais do texto. O quarto passo faz referência à revisão do texto todo, com base no que foi sublinhado. Por fim, o quinto se refere ao momento de aprender efetivamente o conteúdo. Os estudantes estudarão os conteúdos sublinhados para que sejam armazenados na memória de longa duração. Segundo a psicologia cognitiva, conseguir armazenar a informação na sua memória de longo prazo é um indício de que o conteúdo foi aprendido (Lefrançois, 2008; Sternberg, 2008).

Boruchovitch e Mercuri (1999), ao realizarem uma revisão de literatura sobre como utilizar a estratégia cognitiva de sublinhar, localizaram informações importantes quanto ao uso dessa estratégia.

De acordo com as autoras, a literatura aponta a necessidade de uma leitura prévia do texto antes de começar a sublinhá-lo e a importância de sublinhar frases superordenadas ou de nível estrutural mais elevado. Esse tipo de frase, por ser mais ampla, servirá para integrar as informações mais específicas do texto. Ademais, permitir aos estudantes que sublinhem as sentenças que consideram mais importantes permite uma maior assimilação das informações. Essa liberdade possibilita aos estudantes que sublinhem sentenças que melhor se relacionem com as suas estruturas cognitivas. O sublinhar é mais efetivo para a aprendizagem quando é realizado pelo próprio estudante. A quantidade de sentenças sublinhadas depende da densidade do conteúdo e dos conhecimentos prévios que o estudante tem sobre ele. Se, por exemplo, for um texto sobre o qual o estudante não possui tanto domínio, ele tenderá a sublinhar mais, pois ainda não consegue distinguir o conteúdo principal do secundário. Já se o assunto tratado no texto for familiar ao estudante, certamente ele terá condições de definir melhor os conteúdos e, consequentemente, sublinhará menos. Por fim, as autoras mostraram que, de acordo com a literatura, é necessário que os estudantes tenham um objetivo ao sublinhar. Sem um objetivo a ser alcançado é muito difícil que as informações sejam lembradas posteriormente (Blanchard, 1980; Boruchovitch & Mercuri, 1999; Dumke & Schafer, 1986; Noguerol, 1999).

Ao partir do princípio de que a estratégia de sublinhar pode ser ensinada nos diferentes contextos escolares e acadêmicos, Sanchéz (2004) realizou uma pesquisa com o objetivo de ensinar os estudantes universitários a utilizar estratégias para leitura de textos, alicerçadas no princípio da autorregulação da aprendizagem. Os resultados apontaram ganhos significativos na leitura dos textos por parte dos estudantes que participaram do treinamento. Em seus estudos, Leutner et al. (2007) tiveram como objetivo ensinar as estratégias de aprendizagem cognitivas; em especial, a de sublinhar e verificar os efeitos dessa estratégia em três grupos distintos. O primeiro grupo recebeu formação sobre o sublinhar e orientações sobre a aprendizagem autorregulada. O segundo grupo recebeu formação somente sobre a estratégia de sublinhar e o terceiro grupo não recebeu qualquer formação. Os resultados revelaram que o grupo que recebeu formação tanto sobre a estratégia de sublinhar quanto sobre a autorregulação da aprendizagem superou os demais. Constatou-se que, para que haja um uso eficaz da estratégia de sublinhar, não basta apenas ensiná-la. Faz-se necessário também que os estudantes compreendam o que é autorregulação da aprendizagem e desenvolvam a consciência sobre como, quando e onde utilizar as diferentes estratégias de aprendizagem. As evidências provenientes das pesquisas confirmam a eficácia do ensino da estratégia de sublinhar, mas destacam que o ensino seja apoiado nos fundamentos teóricos da aprendizagem autorregulada para um maior efeito. Assim, reitera-se que juntamente com o ensino explícito das estratégias cognitivas sejam também trabalhadas as habilidades de planejamento, monitoramento e regulação; isto é, a consciência metacognitiva dos estudantes (Bembennuty, 2015; Boruchovitch, 2014; Dembo & Seli, 2008).

Os achados das duas pesquisas descritas anteriormente confirmam o que Boruchovitch e Mercuri (1999) mencionaram sobre a necessidade da consciência metacognitiva. As autoras alegam que os estudantes conhecem a estratégia de sublinhar, mas, na maioria das vezes, não sabem como empregá-la, o que reforça a relevância de ensiná-la no contexto escolar e acadêmico. Orientações sobre como ensinar a estratégia de sublinhar serão fornecidas a seguir.

Como ensinar a estratégia de sublinhar aos estudantes?

Tal como sugerido nos capítulos referentes às estratégias metacognitivas, a aula deve começar com uma atividade autorreflexiva. Um modelo de atividade autorreflexiva para o ensino da estratégia de sublinhar pode ser visto no Quadro 1.

Quadro 1 – Atividade autorreflexiva para ensinar a estratégia de sublinhar

1) Quando você lê um texto de estudo costuma sublinhá-lo?
2) Você utiliza algum critério para sublinhá-lo? Qual é esse critério?
3) Qual a finalidade do sublinhar na aprendizagem?
4) Você acha que sublinhar lhe ajuda a aprender melhor? Justifique a sua resposta.

Fonte: Autoras (2020), com base na literatura da área.

Para a realização da atividade autorreflexiva indica-se que sejam destinados vinte minutos. Nos primeiros dez, os estudantes responderão às questões, e nos outros dez as discutirão no grande grupo. Pelas respostas dos estudantes, os professores já poderão refletir sobre como conduzirão a aula e qual(is) aspecto(s) sobre o sublinhar precisarão enfatizar. Na sequência, o ideal é que haja uma breve revisão do conteúdo das aulas anteriores. Nesse momento é essencial o professor relembrar aos alunos como o conhecimento metacognitivo, trabalhado anteriormente, exerce papel fundamental na escolha, na utilização, no monitoramento, nas mudanças e nas adaptações das estratégias de aprendizagem, como descrito nos capítulos anteriores.

Depois da discussão sobre a atividade autorreflexiva sugere-se que o professor selecione um texto de conteúdo simples, relacionado à sua disciplina, e peça aos estudantes que façam a leitura do texto e o sublinhem da forma que costumam fazer. Essa atividade servirá para o estudante avaliar, após a apresentação da fundamentação teórica, se sublinha de forma correta. Quando essa atividade foi realizada pela primeira autora com os professores e pelas autoras com futuros professores, o texto selecionado foi "Como motivar os alunos: sugestões práticas" (Bzuneck, 2010). A escolha desse texto se deu devido ao relato dos professores sobre como é difícil motivar os estudantes a aprenderem os conteúdos escolares. É útil mencionar que ele traz orientações muito valiosas sobre como o professor pode despertar a motivação para aprender em seus alunos. Por ser um texto mais longo, foi solicitado que os professores e futuros professores o lessem em casa e já sublinhassem como estavam acostumados a fazer.

Para o momento da fundamentação teórica, os *slides* a seguir podem ser aproveitados como modelo de conteúdo para o ensino da estratégia de sublinhar.

Figura 1 – Modelos de *slides* para ensinar os fundamentos teóricos da estratégia de sublinhar

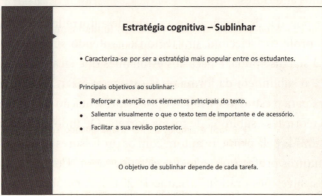

Fonte: Autoras (2020), com base na literatura da área.

Para iniciar o conteúdo na fundamentação teórica é interessante chamar a atenção dos alunos para a figura do *slide* 1 e pedir para eles refletirem se consideram que a forma como a pessoa sublinhou o texto na imagem promoverá a aprendizagem. Após essa discussão, é fundamental mostrar aos alunos quais são as finalidades da estratégia de sublinhar. Espera-se que nesse momento o aluno consiga entender por que sublinhar um texto inteiro não favorece a aprendizagem. No *slide* 2 o professor deve reforçar a ideia de que a estratégia de sublinhar é muito utilizada, mas que, muitas vezes, a forma como é empregada não potencializa a aprendizagem; por isso é necessário saber como, onde e quando usá-la. Além disso, o professor precisa ressaltar para os estudantes que ao sublinhar é preciso ter um objetivo, pois isso auxiliará na retenção das informações. Sem um objetivo é muito difícil que as informações sejam armazenadas na memória de longa duração. Assim, o *slide* 2 enfatiza que os objetivos do sublinhar dependerão de cada tarefa.

Os benefícios de sublinhar corretamente, bem como as maneiras de sublinhar, precisam ser ensinados aos estudantes, como pode ser visto na Figura 2.

Figura 2 – Modelos de *slides* para ensinar os fundamentos teóricos da estratégia de sublinhar

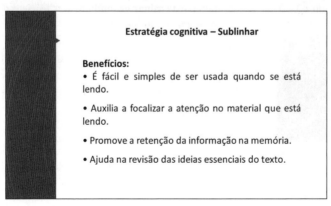

Como sublinhar?

1. Leitura breve do texto.
2. Leitura de cada parágrafo cuidadosamente.
3. Sublinhar os pontos mais relevantes do texto.
4. Revisão do conteúdo do texto a partir do que foi sublinhado.
5. Armazenamento das informações na memória de longa duração.

Dumke e Schafer (1986)

Fonte: Autoras (2020), com base na literatura da área.

Os benefícios da estratégia de sublinhar devem ser enfatizados para que os estudantes se sensibilizem quanto à importância de utilizar essa estratégia para aprender mais e melhor. Na sequência, o professor deve apresentar o passo a passo sobre como usar essa estratégia. Orientações teóricas sobre esse processo podem ser visualizadas no tópico anterior do presente capítulo "A estratégia de sublinhar: fundamentos teóricos, conceituação, finalidade e benefícios à aprendizagem". A etapa 3 do modelo proposto por Dumke e Schafer (1986) indica o momento de colocar em prática a estratégia de sublinhar. Assim, algumas orientações sobre esse momento serão oferecidas a seguir.

Figura 3 – Modelos de *slides* para ensinar os fundamentos teóricos da estratégia de sublinhar

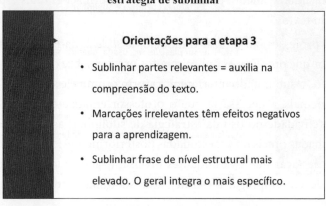

Orientações para a etapa 3

- Sublinhar partes relevantes = auxilia na compreensão do texto.
- Marcações irrelevantes têm efeitos negativos para a aprendizagem.
- Sublinhar frase de nível estrutural mais elevado. O geral integra o mais específico.

> **Aspectos importantes sobre o sublinhar**
> - É fundamental saber quando, onde e como utilizar a estratégia de sublinhar.
> - Atitudes e opiniões sobre o conteúdo do texto afetam o que será sublinhado e relembrado.
> - O material sublinhado precisa ser estudado posteriormente.
> - Sublinhar é a primeira etapa para um processamento profundo da informação.

Fonte: Autoras (2020), com base na literatura da área.

Para o uso da estratégia de sublinhar sugere-se que o professor alerte os estudantes sobre três pontos essenciais. A eficácia do sublinhar dependerá da forma que o estudante seleciona e hierarquiza as informações, das mais importantes para as menos importantes. O aluno tem que ter clareza que se ele sublinhar apenas as partes que considera relevantes, a estratégia fortalecerá a sua aprendizagem. No entanto, se sublinhar também as informações irrelevantes, essa estratégia poderá ter efeitos negativos para a aprendizagem, já que não cumprirá sua função de destacar o que de fato é importante no texto. Outra orientação essencial para a boa utilização do sublinhar é pedir aos alunos que sublinhem as frases mais gerais, pois são elas que servirão de âncora para recuperar as informações mais específicas do texto.

O professor, ao utilizar o modelo de *slide* 2, da Figura 3, pode apontar que opiniões e conhecimentos prévios sobre o material que está sendo sublinhado interferem na forma como ele será sublinhado. Ademais, é necessário que o professor enfatize que, para que haja efetividade no uso da estratégia de sublinhar, as informações sublinhadas precisam ser estudadas posteriormente. É fundamental ainda destacar que os estudantes precisam saber quando, como e onde devem empregar a estratégia de sublinhar. Igualmente relevante é mencionar que os alunos devem estar sempre avaliando se o sublinhar está de fato os ajudando a aprender. Por fim, o professor deve alertar que, para uma aprendizagem mais profunda da informação, o sublinhar deve ser utilizado em conjunto com as estratégias cognitivas de elaboração e organização, abordadas nos capítulos 6 e 7 deste livro.

A atividade prática da estratégia de sublinhar teve início quando se solicitou aos estudantes que sublinhassem o texto como costumam fazer. A seguir o professor pedirá que os estudantes retomem o texto e analisem a sua forma de sublinhar usando as questões presentes no Quadro 2.

Quadro 2 – Atividade para ensinar a estratégia de sublinhar

Após a aula sobre sublinhar, reflita sobre como você sublinhou o texto anteriormente à aula e responda às seguintes questões. 1) Ao sublinhar um texto, o que você considera que faz bem? 2) Você modificaria alguma coisa na forma como você sublinha os textos, depois de receber as informações sobre como sublinhar? Se sim, o quê?

Fonte: Autoras (2020), com base na literatura da área.

O professor deve fornecer um tempo para que os estudantes examinem como sublinharam o texto. Na sequência, pode propor uma discussão norteada pelas observações feitas pelos estudantes sobre a própria prática do sublinhar. Para finalizar a aula sugere-se, como uma forma de modelagem da estratégia ensinada, que o professor escolha um material da sua disciplina e coloque em prática, coletivamente com os estudantes, cada uma das etapas propostas por Dumke e Schafer (1986). Embora se considere que a estratégia de sublinhar só possa ser empregada nas disciplinas que utilizam textos e leituras, ela também poderá ser usada em várias disciplinas que compõem o currículo. Na Matemática, por exemplo, o professor pode ensinar seus alunos a localizarem as informações mais importantes para a realização de um problema. O mesmo pode ser feito na disciplina de Física. Assim, ressalta-se não só a importância, mas também a possibilidade de adaptações das atividades propostas para o ensino das estratégias de aprendizagem nas diferentes disciplinas.

Considerações finais

O objetivo do capítulo foi apresentar os fundamentos teóricos acerca da estratégia cognitiva de ensaio e mostrar como a estratégia de sublinhar pode ser ensinada para estudantes dos ensinos Fundamental, Médio e Superior (Góes, 2020; Góes & Boruchovitch, 2017). Quando essas atividades foram realizadas com professores e futuros professores, seus relatos evidenciaram que muitos utilizavam o sublinhar de forma equivocada, mesmo após passarem por anos de escolarização. Esses dados sugerem que, ao longo de sua escolarização, possivelmente eles não tenham recebido orientações sobre como sublinhar corretamente. Considerando a popularidade da estratégia sublinhar e a frequência com que ela é empregada no contexto educativo, é essencial que os estudantes aprendam a sublinhar corretamente para que possam maximizar seus benefícios para aprendizagem.

Referências

Bembenutty, H. (2015). Self-regulated learning and development in teacher preparation training. *Springer Briefs in Education*, 9-28.

Blanchard, J. S. (1980). What to tell about underlining... and why. *Journal of Reading, 29*(3), 199-203.

Boruchovitch, E. (1999). Estratégias de aprendizagem e desempenho escolar: considerações para a prática educacional. *Psicologia, Reflexão e Crítica, 12*(2), 1-15.

Boruchovitch, E. (2014). Autorregulação da aprendizagem: contribuições da psicologia educacional para a formação de professores. *Revista Quadri-*

mestral da Associação Brasileira de Psicologia Escolar e Educacional, 18(3), 401-409.

Boruchovitch, E., & Mercuri, E. (1999). A importância do sublinhar como estratégia de estudo de textos. *Tecnologia Educacional, 28*(144), 37-40.

Dembo, M. H., & Seli, H. (2008). *Motivation and learning strategies for college success*. Nova York: Routledge.

Dumke, D., & Schäfer, G. (1986). Verbesserung des Lernens aus Texten durch trainiertes Unterstreichen [Better learning from text by trained underlining]. *Unter Richts Wissen Schaft, 33*, 210-219.

Góes, N. M. (2020). *As variáveis relacionadas à aprendizagem de alunos e professores do Ensino Médio e o desenvolvimento de um programa de intervenção em estratégias de aprendizagem*. Tese de Doutorado. Universidade Estadual de Campinas, Campinas.

Góes, N. M., & Boruchovitch, E. (2017). Uma proposta de formação autorreflexiva para a promoção das estratégias de aprendizagem entre docentes em exercício e futuros professores – Procedimentos de Intervenção desenvolvidos. Não publicado. Faculdade de Educação, Unicamp.

Lefrançois, G. R. (2008). *Teorias da aprendizagem*. São Paulo: Congage Learning.

Leutner, D., Leopold, C., & Elzen-Rump, V. (2007). Self-regulated learning with a text highlighting strategy: a training experiment. *Journal of Psychology, 215*(3), 174-182.

McAndrew, D. A. (1983). Underlining and notetaking: some suggestions from research. *Journal of Reading, 27*(2), 103-108.

McCombs, B. L. (2017). Historical review of learning strategies research: strategies for the whole learner – A tribute to Claire Ellen Weinstein and early researchers of this topic. *Frontiers in Education, 2*(6), 1-21.

Noguerol, A. (1999). *Aprender na escola: técnicas de estudo e aprendizagem*. Porto Alegre: Artes Médicas.

Sánchez, J. M. R. (2004). Self-regulated learning procedure for university students: the meaningful text-reading strategy. *Eletronic Journal of Research in Educational Psychology, 2*(1), 113-132.

Sternberg, R. (2008). *Psicologia cognitiva.* Porto Alegre: Artmed.

Yamada, M., Kitamura, S., Miyahara, S., & Yamauchi, Y. (2009). Vocabulary Learning Environment with Collaborative Filtering for Support of Self-regulated Learning. *Conference paper.*

Weinstein, C. E., & Acee, T. W. (2018). Study and learning strategies. In: R. F. Flippo, & T. W. Bean (eds.). *Handbook of college reading and study strategy research* (pp. 227-240). Nova York: Routledge.

Weinstein, C. E., & Mayer, R. E. (1986). The teaching of learning strategies. In: M. C. Wittrock (ed.). *Handbook of research on teaching* (pp. 315-327). Nova York: Collier.

6
Como elaborar bons resumos para estudar e aprender melhor?

Introdução

No contexto escolar e acadêmico, especialmente a partir do Ensino Fundamental II (6º ao 9º ano), é comum entre os professores pedir que os estudantes façam resumos sobre capítulos de livro, sobre a matéria ensinada no dia ou que resumam o conteúdo programático para estudar para a prova. Todavia, na maioria das vezes, aos estudantes nunca foi ensinado a fazer um resumo. Assim, eles são cobrados por aquilo que nunca ninguém os ensinou a fazer de forma adequada. É possível que isso decorra de crenças de que há uma capacidade geral para a escrita, que quando bem desenvolvida, permite produzir, de forma adequada, textos de qualquer gênero, independentemente de terem sido ou não ensinados (Machado, Lousada, & Abreu-Tardelli, 2008). Frente a esse cenário os estudantes muitas vezes chegam ao Ensino Superior sem saber como construir bons resumos, e quando são solicitados a fazê-los, os desenvolvem intuitivamente (Machado et al., 2008).

Elaborar resumos pode ter uma infinidade de objetivos. Neste capítulo, ênfase será dada ao resumo como estratégia cognitiva de elaboração. Orientações serão dadas também sobre como ensinar os alunos a fazerem bons resumos para a aprendizagem escolar e acadêmica.

A estratégia de resumir: fundamentos teóricos, conceituação, finalidade e benefícios à aprendizagem

O resumo pode ser definido como uma apresentação sintetizada das ideias apresentadas em um texto, ressaltando a progressão e a articulação entre elas. Não se caracteriza como uma cópia do material nem a substituição de um termo por outro (Noguerol, 1999; Silva & Silveira, 2007). Resumir consiste em apresentar as principais ideias mencionadas no texto com as próprias palavras, sem que isso modifique a mensagem que o autor quer transmitir. Nesse sentido, o resumo não deve conter opiniões próprias nem análises críticas sobre o material que está sendo resumido. Elaborar um resumo parece ser uma atividade complexa, e realmente o é (Duke & Pearson, 2002).

Quando se faz um resumo é importante ter em mente que ele envolve duas etapas principais: a compreensão do texto original e a elaboração de um texto pessoal. Não é possível construir bons resumos sem a compreensão global do texto. Assim, as duas partes que o compõem são fundamentais e precisam estar em sintonia (Friend, 2000).

Estudos sugerem alguns passos para a elaboração de um bom resumo: 1) Leitura cuidadosa do texto, identificando os conteúdos abordados; 2) Segunda leitura mais aprofundada, atentando-se às ideias-chave, no vocabulário empregado e na compreensão do que foi lido; 3) Identificação dos objetivos em resumir o texto; 4) Sumarização do texto utilizando quatro processos básicos: supressão, generalização, seleção e reconstrução; 5) Elaboração da primeira versão do resumo (rascunho); 6) Comparação da primeira versão do resumo com o texto original, avaliando a fidelidade do resumo com as ideias apresentadas pelos autores do texto; e, por fim, 7) Elaboração da versão final do resumo (Brown & Day, 1983; Nelson, Smith, & Dodd,1992; Zafarini & Kabgani, 2014).

Como mencionado anteriormente, o primeiro passo para a elaboração de um bom resumo é ler cuidadosamente o texto a ser resumido com a finalidade de identificar o assunto abordado, o gênero textual e a estrutura do texto. O segundo passo consiste em uma nova leitura mais aprofundada, atentando-se para as ideias-chave, os argumentos utilizados pelo autor, as questões discutidas, os posicionamentos defendidos e rejeitados, o vocabulário empregado e as conclusões obtidas. A partir destes dois primeiros passos reafirma-se que para se construir um bom resumo, compreender o texto é primordial. Além dos pontos já citados, que devem ser seguidos para uma melhor construção do resumo, saber algumas informações sobre o autor, sua posição ideológica e seu posicionamento teórico também podem auxiliar na compreensão do texto. O terceiro passo envolve tornar claro para si qual o objetivo de construir o resumo. Ter consciência das razões pelas quais um resumo é construído auxilia sobremaneira na sua elaboração. Pode-se identificar o objetivo de elaborar um resumo questionando-se acerca da sua finalidade. Como ressaltado anteriormente, o resumo pode ser desenvolvido com diferentes finalidades/objetivos, bem como ser feito para distintos destinatários. Um estudante pode fazer um resumo da matéria para estudar para a prova. Nesse caso, seu objetivo é aprender por meio daquele resumo. Por ser um resumo destinado para si, o estudante poderá conferir uma organização diferenciada ao resumo, pois não precisará se preocupar com a compreensão de um leitor externo. Em outra situação, o professor pode solicitar aos estudantes que façam um resumo sobre o capítulo de um livro para entregar-lhe. Nesse caso, o resumo será diferente, tendo em vista o seu objetivo e destinatário. Ao ser dirigido para outra pessoa e com um objetivo diferente, o estudante deverá escrever de forma clara para que o leitor consiga entender, a partir do resumo, a mensagem que o autor do texto original quis transmitir.

    O quarto passo refere-se à sumarização do texto. Sumarizar é um dos processos mentais mais importantes no momento da produção dos resumos. Ele ocorre sempre durante a leitura, mesmo quando não é produzido um resumo oral ou escrito. A sumarização inclui quatro processos básicos: a supressão, a generalização, a seleção e a reconstrução. O processo da supressão consiste na eliminação das palavras secundárias, quando elas não forem essenciais para a compreensão do texto. A generalização se refere à troca de termos específicos por termos gerais e mais abrangentes. Por exemplo: os brasileiros costumam comprar TVs, DVDs, sons e computadores quando vão para o exterior. Com o uso da generalização a frase ficaria: os brasileiros costumam comprar equipamentos eletrônicos quando vão ao exterior. No processo de seleção os estudantes selecionam as informações principais do texto e desprezam as secundárias. Já na reconstrução, ao partir das ideias selecionadas, os estudantes elaboram um texto pessoal fiel às ideias dos autores. O quinto passo envolve a elaboração da primeira versão do resumo. Para a realização desse quinto passo é importante que todos os passos anteriores tenham sido seguidos. Além disso, por ser o resumo uma produção oriunda de um texto cuja autoria é de outra pessoa, é essencial que os estudantes façam menção ao autor no decorrer do resumo, utilizando frases como: "O autor defende..." "O posicionamento do autor diante deste acontecimento foi o seguinte..." Deve-se também ficar atento se as relações entre as ideias apresentadas pelo autor do texto original estão claras no resumo e se os verbos utilizados para estabelecer tais relações são adequados. O sexto passo faz referência à comparação da primeira versão do resumo com o texto original. Nesse momento os estudantes avaliarão o resumo construído, comparando-o ao texto original, verificarão o que está bom, o que está faltando, o que precisa melhorar, bem como se as informações estão claras e o que não está condizente ao que foi apresentado pelo autor. Já o sétimo e último passo é a elaboração da versão final do resumo. Para realizá-la é imprescindível rever todos os passos anteriores e modificar o que julgar necessário.

Para avaliar o resumo, Machado et al. (2008, p. 57) propõem uma ficha de autoavaliação com os seguintes pontos: "O resumo desenvolvido está adequado ao objetivo que norteou a sua realização?" "O texto está adequado ao destinatário?" (Ou seja: professor, colegas, público da internet ou a mim mesmo.) "O texto transmite a imagem que você quer passar?" (Isto é, a imagem de quem leu e compreendeu adequadamente o texto original?) "Todas as informações que o autor do texto original coloca como sendo as mais relevantes estão expressas no resumo?" (Principalmente a questão que está sendo discutida, a posição do autor e seus argumentos.) "No início do resumo há uma indicação clara do título e do autor do texto resumido?" "As relações entre as ideias do texto original estão claramente explicitadas por conectivos e verbos adequados?" "Fica claro de quem são as ideias resumidas, mencionando-se o seu autor de diferentes formas?" "O resumo pode ser compreendido por si só, por um leitor que não conhece o texto original?" "O vocabulário utilizado está adequado ao gênero textual e aos destinatários?" "Há problemas de pontuação, frases incompletas, erros gramaticais, ortográficos, entre outros?"

Ao considerar que as técnicas para fazer um resumo podem e devem ser ensinadas pelos professores, independente do nível de escolarização, alguns cuidados devem ser tomados. A escolha do texto, por exemplo, influenciará muito na construção do resumo. Se o conteúdo do texto for muito além dos conhecimentos prévios dos estudantes, será muito difícil a construção de um bom resumo. Selecionar bem qual texto deve ser resumido é fundamental para que bons resumos sejam realizados. Os estudantes devem ter acesso ao texto original enquanto estão resumindo, o que contribui para que tirem dúvidas, ao longo da construção do resumo, possibilitando também maior compreensão do texto. O professor precisa ressaltar a importância do autor do texto ao solicitar que os estudantes citem o autor de diferentes formas e que se mantenham fiéis às informações trazidas por ele. Os estudantes, primeiramente, precisam aprender a construir resumos para si e posteriormente serem ensinados a fazer resumos para outras pessoas. Por fim, eles precisam ter a clareza sobre o porquê de estarem construindo o resumo, e o professor é a peça fundamental para esse entendimento.

Nelson et al. (1992), Noguerol (1999) e Silva e Sá (1997) afirmam que, quando o resumo é bem construído, traz importantes contribuições para o aumento do vocabulário, além de promover a leitura crítica e a maior compreensão do texto. O resumo serve também como método de monitoramento da compreensão e de memorização, ajudando a tornar as ideias do texto mais claras, o que favorece a aprendizagem. Na sequência, ênfase será dada às orientações sobre como os professores podem ensinar seus estudantes a elaborar resumos como uma estratégia facilitadora da aprendizagem.

Como ensinar os estudantes a resumir?

Após o momento de revisão dos conteúdos da aula anterior sobre a estratégia cognitiva de ensaio, o sublinhar, a ocasião é oportuna para se ensinar a estratégia cognitiva de elaboração, o resumir. Para iniciar a aula sobre o resumir sugere-se que sejam utilizadas as seguintes questões autorreflexivas, com a finalidade de que os estudantes comecem a refletir sobre o uso dessa estratégia.

Quadro 1 – Atividade autorreflexiva sobre a estratégia de resumir

1) Você costuma fazer resumos? Quando você geralmente faz e com qual finalidade?
2) Você faz resumos quando precisa aprender algum conteúdo?
3) Como você geralmente constrói os seus resumos para estudar?
4) Utilizar o resumo facilita a sua compreensão do conteúdo e a aprendizagem? De que forma você acredita que isso acontece?

Fonte: Autoras (2020), com base na literatura da área.

Deve-se estimular os estudantes a responderem às questões autorreflexivas e posteriormente trocarem experiência com seus pares sobre as respostas. Para ensinar a estratégia de resumir, como proposto também no ensino da estratégia de sublinhar, o professor pode realizar uma atividade antes da fundamentação teórica, que consistiria em entregar um texto relacionado ao conteúdo da sua disciplina e pedir que o estudante construa um resumo com o objetivo de aprender o conteúdo, da forma que costuma fazer. Essa atividade poderá ser utilizada posteriormente para que o estudante reflita sobre como constrói seus resumos. A fundamentação teórica precisa ter como finalidade mostrar aos estudantes a importância de utilizar a estratégia ensinada e convencê-los quanto aos seus benefícios para a aprendizagem. Alguns modelos de *slides* com conteúdo teórico relevante para ensinar o resumir estão na Figura 1.

Figura 1 – Modelos de *slides* para o ensino dos fundamentos teóricos da estratégia de resumir

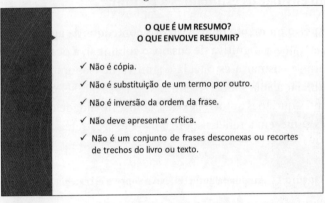

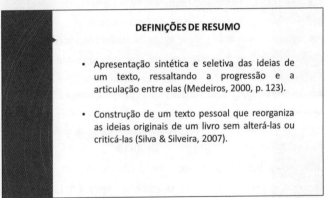

Fonte: Autoras (2020), com base na literatura da área.

Para iniciar a fundamentação teórica sobre o resumo sugere-se que se aponte o que não é um resumo. Pelas experiências anteriores com futuros professores e professores do Ensino Médio, nesse momento os estudantes já indicarão situações em que eles avaliam que não estavam realmente fazendo um resumo e passarão a desconstruir suas concepções errôneas sobre essa prática. Na sequência, o resumo precisa ser conceituado. Ao fazer isso é fundamental reforçar a ideia de que o resumo é uma síntese das ideias principais do autor do texto e não envolve julgamento de valores e inclusão de opinião. Esse aspecto, na maioria das vezes, gera confusão entre os estudantes. Por isso, precisa ser logo explicitado pelo professor ou formador. Para dar sequência à apresentação da fundamentação teórica recomenda-se que sejam explorados os conteúdos explicitados na Figura 2.

Figura 2 – Modelos de *slides* para o ensino dos fundamentos teóricos da estratégia de resumir

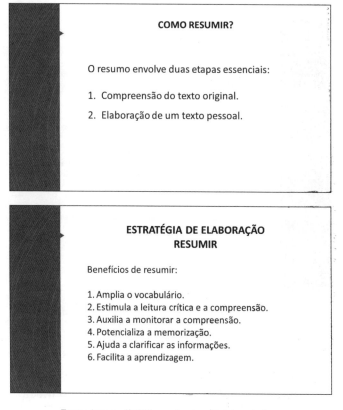

Fonte: Autoras (2020), com base na literatura da área.

105

O resumo envolve duas etapas, como mencionado anteriormente: a compreensão do texto original e a elaboração de um texto pessoal. Essas etapas estão inter-relacionadas e são essenciais para a elaboração de um bom resumo. Os benefícios do resumir também precisam ser enaltecidos pelos professores durante a aula. Ampliar o vocabulário, estimular a leitura crítica e a compreensão, auxiliar no monitoramento da compreensão, potencializar a memorização, ajudar a clarificar as informações e facilitar a aprendizagem são alguns deles. Para finalizar, devem ser dadas orientações aos alunos sobre como o resumo que poderá ser útil para sua aprendizagem, bem como sobre os aspectos envolvidos na construção de bons resumos.

Figura 3 – Modelos de *slides* para o ensino dos fundamentos teóricos da estratégia de resumir

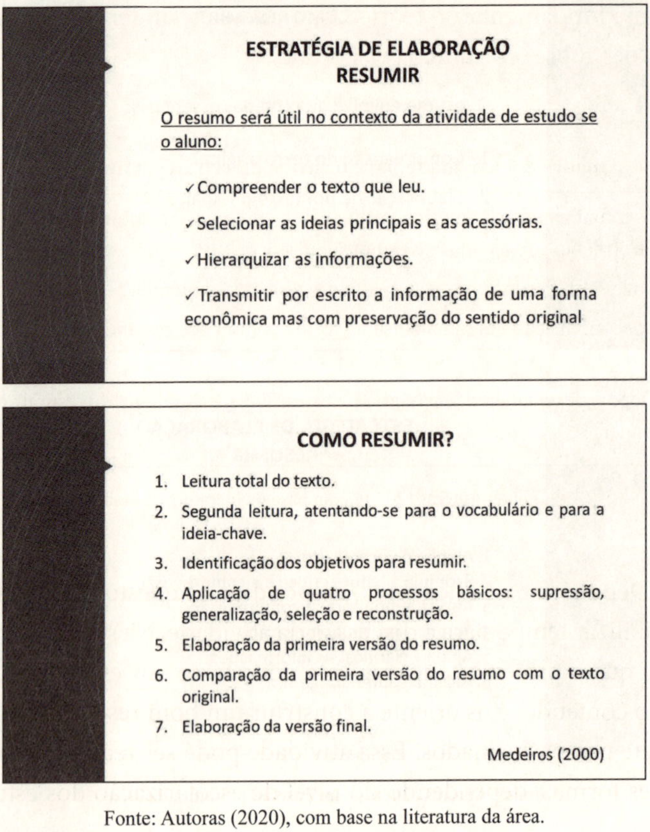

**ESTRATÉGIA DE ELABORAÇÃO
RESUMIR**

O resumo será útil no contexto da atividade de estudo se o aluno:

- ✓ Compreender o texto que leu.
- ✓ Selecionar as ideias principais e as acessórias.
- ✓ Hierarquizar as informações.
- ✓ Transmitir por escrito a informação de uma forma econômica mas com preservação do sentido original

COMO RESUMIR?

1. Leitura total do texto.
2. Segunda leitura, atentando-se para o vocabulário e para a ideia-chave.
3. Identificação dos objetivos para resumir.
4. Aplicação de quatro processos básicos: supressão, generalização, seleção e reconstrução.
5. Elaboração da primeira versão do resumo.
6. Comparação da primeira versão do resumo com o texto original.
7. Elaboração da versão final.

Medeiros (2000)

Fonte: Autoras (2020), com base na literatura da área.

O resumo só terá utilidade e só conduzirá à aprendizagem se o estudante compreender o texto lido, distinguir as ideias principais das secundárias, hierarquizar as informações e conseguir transmitir as informações por escrito, de forma sucinta, sem perder o seu sentido original. Para finalizar, o professor deve apresentar o passo a passo sobre como elaborar um bom resumo. Informações adicionais sobre esse processo podem ser encontradas no item anterior do presente capítulo: "A estratégia de resumir: fundamentos teóricos, conceituação, finalidade e benefícios à aprendizagem".

A atividade para o ensino do resumir proposta no presente capítulo é composta por duas partes. A primeira já foi apresentada no início deste tópico e consiste em desenvolver um resumo, a partir de um texto, como o estudante sempre faz. Após o professor apresentar a fundamentação teórica, os alunos responderão às seguintes questões sobre o resumo já elaborado.

Quadro 2 – Atividade para o ensino da estratégia de resumir

Após a fundamentação teórica, reflita sobre como você resumiu o texto anteriormente e responda às seguintes questões.
1) Você sabia resumir um texto para utilizá-lo para aprender?
2) Você modificaria alguma coisa na forma como você resume um texto? Se sim, o quê?
3) Depois desta aula você passaria a utilizar mais a estratégia de resumir para aprender?

Fonte: Autoras (2020), com base na literatura da área.

Depois de os alunos terem respondido às questões deve-se disponibilizar tempo para a discussão da atividade. Na sequência sugere-se que o professor entregue um novo texto aos estudantes, com outro conteúdo, e os oriente a construir um bom resumo, seguindo os sete passos ensinados. Essa atividade pode ser realizada de diferentes formas, dependendo do nível de escolarização dos estudantes. Com os estudantes do Ensino Fundamental I e II os professores poderão entregar o texto aos alunos, mas também projetá-lo para toda a turma, para que as etapas da elaboração do resumo sejam feitas primeiramente de forma coletiva e, na sequência, de forma individual. Já com os estudantes dos ensinos Médio e Superior acredita-se que entregar o texto e orientá-los na realização de cada etapa seja suficiente. Para finalizar a atividade sugere-se um conjunto de questões para avaliar se o resumo foi bem construído, como as que se seguem.

Tabela 1 – Questões-chave para auxiliar na avaliação dos resumos[1]
(Boruchovitch & Mercuri, 1997).

Orientações	Sim	Não
1) Deletei os materiais desnecessários.		
2) Deletei os materiais redundantes.		
3) Substitui termos específicos por genéricos.		
4) Substitui um termo superordenado por lista de eventos ou subcomponentes (integração).		
5) Selecionei uma sentença importante na qual o autor faz um resumo do parágrafo.		
6) Criei uma sentença que faça uma síntese importante (caso ela não exista).		

Os professores devem orientar os estudantes a utilizarem sempre esse conjunto de questões para avaliar se estão seguindo as principais recomendações para a construção de um resumo de qualidade.

---

1. Exercício elaborado por Evely Boruchovitch e Elizabeth Mercuri para a primeira disciplina sobre Estratégias de Aprendizagem – EP-521 – Estratégias de Aprendizagem, Departamento de Psicologia Educacional, Faculdade de Educação, Unicamp, 1997.

Considerações finais

O objetivo do presente capítulo foi apresentar os fundamentos teóricos acerca da estratégia cognitiva de elaboração e mostrar como os professores podem ensinar os estudantes a resumir (Góes, 2020; Góes & Boruchovitch, 2017). Os benefícios do resumo, como descrito no presente capítulo, são inúmeros. Entretanto, são poucos os estudantes que sabem construí-lo corretamente, o que reforça a necessidade de se ensinar e estimular o uso dessa estratégia no contexto escolar e acadêmico. Com as orientações e atividades sobre como ensinar a resumir espera-se que os professores as incorporem em suas aulas, visando à aprendizagem estratégica entre os estudantes.

Referências

Brown, A.L., & Day, J. D. (1983). Macrorules for summarizing texts: The development of expertise. *Journal of Verbal Learning and Verbal Behavior, 22,* 1-14.

Duke, N. K., & Pearson, P. D. (2002). *Effective Practices for Developing Reading Comprehension – What research has to say about reading instruction,* 3. ed., 205-242.

Friend, R. (2000). Teaching summarization as a content area strategy. *Adolescent & Adult Literacy, 44*(4), 320-329.

Góes, N. M. (2020). *As variáveis relacionadas à aprendizagem de alunos e professores do Ensino Médio e o desenvolvimento de um programa de intervenção em estratégias de aprendizagem.* Tese de Doutorado. Universidade Estadual de Campinas, Campinas.

Góes, N. M., & Boruchovitch, E. (2017). Uma proposta de formação autorreflexiva para a promoção das estratégias de aprendizagem entre docentes em exercício e futuros professores – Procedimentos de Intervenção desenvolvidos. Não publicado. Faculdade de Educação, Unicamp.

Machado, A. R., Lousada, E. G., & Abreu-Tardelli, L. S. (2004). *Resumo.* São Paulo: Parábola.

Nelson, J. R., Smith, D. J., & Dodd, J. M. (1992). The effects of teaching a summary skills strategy to students identified as learning disabled on their comprehension of science text. *Education and Treatment of Childrens, 15*(3), 228-243.

Noguerol, A. (1999). *Aprender na escola: técnicas de estudo e aprendizagem.* Porto Alegre: Artes Médicas.

Silva, A. L., & Sá, I. (1997). *Saber estudar e estudar para saber.* 2. ed. Porto.

Silva, J. M., & Silveira, E.S. (2007) Trabalhos acadêmicos. In: J.M. Silva, & Silveira, E. S. *Apresentação de trabalhos acadêmicos* (pp. 113-126). Petrópolis: Vozes.

Zafarini, P., & Kabgabi, S. (2014). Summarization strategy training and reading comprehension of Iranian ESP learners. *Procedia – Social and Behavioral Science, 98,* 1.959-1.965.

7
Os mapas conceituais e seu impacto na aprendizagem significativa

Da teoria à implementação desta estratégia

Introdução

A estratégia de aprendizagem de organização consiste em conferir ao material a ser aprendido uma nova estrutura, tornando o mais significativo para aprender. O mapa conceitual é considerado uma estratégia de aprendizagem de organização. No presente capítulo, diferente dos demais, não serão apresentadas orientações sobre como ensinar os mapas conceituais e aplicá-los em sala de aula. Esse movimento já foi realizado por Góes e Boruchovitch (2019) no capítulo 8 do livro *Aprendizagem autorregulada: como promovê-la no contexto educativo*, de Boruchovitch e Gomes (2019). O presente capítulo tem por objetivo relatar as experiências bem-sucedidas oriundas da utilização do mapa conceitual em três diferentes contextos: com estudantes do Ensino Médio, com estudantes de graduação e com professores dos ensinos Fundamental e Médio, desvelando os benefícios dessa estratégia para aprendizagem significativa e de qualidade em situações reais de aprendizagem.

A experiência com mapa conceitual entre estudantes do Ensino Médio

A experiência com os estudantes do Ensino Médio ocorreu no final do ano de 2017 com duas turmas, uma do 1º ano e outra do 3º ano de uma escola pública localizada no interior do Estado do Paraná. No total, 53 estudantes participaram das duas aulas referentes ao mapa conceitual. As aulas tiveram duração de 50 minutos e foram divididas em três momentos. No primeiro momento os estudantes responderam a algumas perguntas relacionadas ao mapa conceitual que questionavam se alguém já os havia ensinado a utilizar os mapas conceituais, se acreditavam que esse recurso poderia ajudá-los a aprender e de que forma eles deveriam construir o seu mapa para que ele pudesse auxiliar na aprendizagem. A segunda parte da aula foi destinada ao ensino explícito do mapa conceitual enquanto uma estratégia de aprendizagem, bem como para a demonstração dos seus benefícios. A terceira e última parte da aula incluiu novamente algumas questões que indagavam os estudantes sobre o que aprenderam com a aula, se eles modificariam algum aspecto de seus mapas conceituais após terem contato com os conteúdos da aula e se eles consideram que os mapas podem ajudar a aprender e por quê.

No que se refere às questões iniciais da aula, a maioria dos estudantes (96,2%) relatou que alguém já havia lhes ensinado a usar mapas conceituais. Alguns indicaram que foram os professores que os ensinaram e, em poucos casos, foi alguém da família. Apenas 3,8% dos estudantes informaram que ninguém os havia ensinado a construir mapas conceituais. Quando indagados se os mapas conceituais lhes ajudavam a aprender, 90,6% mencionaram que sim, 5,7% responderam que não e 3,8% disseram que talvez pudesse ajudar. Dentre os estudantes que apontaram que o mapa conceitual favorece a aprendizagem observou-se que, de modo geral, eles disseram que para a construção do mapa conceitual era preciso ler, marcar as partes principais e resumir. Ao realizar todo esse processo eles afirmaram que se tornava mais fácil lembrar as informações contidas no texto. Outros alunos comentaram que o mapa conceitual, ao apresentar os principais pontos do texto, facilita a sua compreensão e que seu uso também possibilita a integração entre os diferentes conteúdos. Organizar as ideias, tornar o conteúdo mais fácil e estudar de um jeito mais agradável foram apontados por alguns alunos. Os estudantes que relataram que o mapa conceitual não ajudava a aprender (5,7%) justificaram a sua resposta dizendo que preferiam utilizar métodos de estudo mais tradicionais. Já aqueles que afirmaram que talvez pudesse ajudar a aprender indicaram que tudo dependeria da matéria a ser estudada e da sua forma de organização. Ao serem questionados sobre o que faziam para que o mapa conceitual realmente os ajudasse a aprender, 43,6% dos estudantes mencionaram que selecionavam os conteúdos mais importantes e utilizavam boas palavras-chave; 36,4%, que liam várias vezes o conteúdo; 14,5%, que buscavam relações sólidas entre os conceitos; 3,6%, que utilizavam linguagem apropriada, e 1,8%, que consultaram várias fontes para a sua construção. Por ocasião da fundamentação teórica sobre os mapas conceituais utilizou-se o material instrucional a seguir.

Quadro 1 – Orientações para o ensino da fundamentação teórica sobre o mapa conceitual

O que é um mapa conceitual?
• Diagrama que indica relações entre conceitos ou entre palavras.
• Não busca classificar conceitos, mas sim relacioná-los e hierarquizá-los.

Benefícios do mapa conceitual:
• Promove uma aprendizagem significativa.
• Possibilita uma maior compreensão do conteúdo.

Como construir um mapa conceitual:
Passo 1 – Selecione os conceitos-chave e os coloque em uma lista.
Passo 2 – Ordene os conceitos, do mais geral, mais inclusivo para o menos geral.

Passo 3 – Conecte os conceitos com linhas e rotule essas linhas com uma ou mais palavras-chave que explicite a relação entre os conceitos.

Passo 4 – Utilize setas para dar sentido à relação entre os conceitos.

Passo 5 – Evite palavras que apenas indiquem relações triviais entre os conceitos. Busque relações horizontais e cruzadas.

Passo 6 – Agregue exemplos ao mapa, se desejar.

Passo 7 – Preocupe-se menos com uma sequência de começo, meio e fim dos mapas conceituais. Eles são estruturais, não sequenciais.

Passo 8 – Compartilhe seu mapa com o dos colegas e examine os mapas deles.

Fonte: Autoras (2020), com base na literatura da área.

No momento da fundamentação teórica, atenção maior foi dada para a definição do mapa conceitual, quais os seus benefícios e como construí-lo, a partir dos oito passos relatados. Após esse momento, que teve duração média de 25 minutos, os estudantes responderam às questões destinadas para o final da aula, as quais averiguaram se eles aprenderam alguma coisa sobre o mapa conceitual com a aula, o que eles fariam de diferente na construção de mapas conceituais depois de receberem as orientações na aula e se consideram, a partir do que foi ensinado, que elaborar mapas conceituais poderia ajudá-los a aprender.

Os estudantes relataram, em sua maioria (91,8%), que aprenderam coisas novas com a aula sobre mapas conceituais, dentre elas, que: o mapa conceitual é um recurso que ajuda a aprender mais e facilita a aprendizagem (39,5%); aprenderam como construí-los (30,2%); compreenderam a sua importância e seus benefícios (16,3%); entenderam que os mapas podem ser construídos de diferentes formas (4,7%); assimilaram como tornar o mapa mais fácil de ser compreendido (4,7%); e perceberam a importância de se escolher boas palavras de ligação (2,3%). Quando foram questionados sobre o que fariam de diferente na construção do mapa conceitual, depois da aula sobre esse assunto, alguns estudantes afirmaram que buscariam pelos conceitos mais importantes para incluir no mapa

(40%). Outros disseram que não modificariam nada, pois já construíam os mapas da forma que foi ensinado na aula (24,4%). Alguns estudantes relataram ainda que focariam maior atenção na escolha das palavras de ligação (13,3%), no uso de cores diferentes para destacar os conceitos (8,9%), bem como que seguiriam todos os passos indicados na aula (8,9%) e utilizariam imagens para exemplificar e tornar mais fácil a assimilação dos conteúdos (4,4%). Os estudantes, quando indagados se o mapa conceitual poderia ajudá-los a aprender, informaram que sim (87,8%). Apresentaram como justificativas sobre a importância de utilizar o mapa conceitual as que se seguem: facilita a compreensão e o modo de estudo (38,8%); potencializa a memorização dos conteúdos (30,6%); e, por apresentar informações de modo resumido, promove a aprendizagem (10,2%).

A exposição de estudantes do Ensino Médio a uma aula sobre mapas conceituais revelou pontos positivos. Os estudantes relataram que a aula possibilitou o aperfeiçoamento da construção dos seus mapas e o reconhecimento que o mapa é um excelente recurso para a aprendizagem. Um dos pontos que mais chamou a atenção foi o relato de um número elevado de estudantes informando que não modificariam nada na construção do mapa, uma vez que já o construíam da forma como fora ensinado na aula. Esse achado é extremamente relevante, pois indica que os estudantes estão recebendo formação sobre mapas conceituais e se beneficiando com ela. Na sequência será apresentada a experiência da utilização do mapa conceitual realizada com os estudantes de licenciatura.

A experiência com mapa conceitual com estudantes de licenciatura do Ensino Superior

A utilização do mapa conceitual no contexto universitário ocorreu em várias ocasiões, de 2017 a 2019. Mais precisamente, o mapa conceitual foi ensinado em três disciplinas de estágio supervisionado para estudantes de vários cursos de licenciatura, em uma disciplina de Psicologia da Educação do curso de licenciatura em Pedagogia, em uma oficina da Semana da Educação de uma universidade pública e em duas palestras em universidades (uma pública e uma particular). Nos primeiros trabalhos realizados com o mapa conceitual o texto utilizado para a construção do mapa abordava algum conteúdo importante para a formação do professor. Assim, foram utilizados textos com orientações sobre como motivar os estudantes a aprender e sobre a adolescência. Em todas as situações os estudantes informaram que o mapa conceitual os auxiliou na compreensão dos textos e na organização das ideias, mostrando a efetividade dessa estratégia para a aprendizagem.

No ano de 2018, as autoras passaram a refletir sobre a possibilidade de elaborar um texto que pudesse ser utilizado na construção do mapa conceitual, tendo como conteúdo a própria fundamentação teórica do mapa conceitual. Essa reflexão partiu da hipótese de que se os estudantes, após a aula sobre os mapas conceituais, lessem um texto com esse conteúdo e construíssem um mapa sobre esse texto, a aprendizagem poderia ser maior. Assim, no final do segundo semestre de 2018, o texto sobre os mapas conceituais com fins didáticos foi elaborado, com base na literatura acerca dessa temática. O texto na íntegra está no Quadro 2.

Quadro 2 – Texto elaborado, para fins didáticos, visando a construção de mapas conceituais

Mapas conceituais: uma ferramenta para a promoção da aprendizagem significativa

Natália Moraes Góes
Evely Boruchovitch

Uma das metas da educação é que os estudantes aprendam de forma significativa. De acordo com a Teoria da Aprendizagem Significativa de David Ausubel (2003), a aprendizagem só é significativa quando o estudante consegue relacionar um conteúdo novo a ser aprendido a outro já existente na sua estrutura cognitiva; tornando, assim, esse conhecimento prévio mais sofisticado, específico e rico.

De acordo com a teoria desenvolvida por Ausubel (2003), a aprendizagem pode ser mecânica e significativa. Na aprendizagem mecânica, os conteúdos são aprendidos de forma literal e arbitrária. A aprendizagem ocorre por repetição e os conteúdos são decorados. Os estudantes não buscam atribuir um significado pessoal à informação a ser aprendida e não relacionam o que já sabem com as novas informações que precisam aprender.

Na aprendizagem significativa, o novo conhecimento é adquirido de forma não literal e não arbitrária. Ao aprender de forma significativa, o estudante, diante de um novo conteúdo, tentará aprendê-lo utilizando as suas próprias palavras e buscará relacioná-lo com algum conhecimento prévio existente em sua estrutura cognitiva. Ao seguir os pressupostos da Teoria da Aprendizagem Significativa, é possível afirmar que, para a sua ocorrência é essencial saber o que o aluno já sabe, para que, diante disso, o material novo seja introduzido e relacionado a esses conhecimentos preexistentes na estrutura cognitiva do estudante (Ausubel, 2003; Souza & Boruchovitch, 2010). A esses conhecimentos já existentes na estrutura cognitiva do estudante dá-se o nome de conhecimentos prévios. O conhecimento prévio, na Teoria da Aprendizagem Significativa, é considerado o fator mais importante da aprendizagem, uma vez que, servirá de âncora ou suporte para a aquisição de novos conhecimentos. Os conhecimentos prévios especificamente relevantes para a aprendizagem de um determinado conteúdo são denominados subsunçores. Os subsunçores se caracterizam por serem inclusivos e específicos, uma vez que o estudante os elege para servir de ponto de ancoragem para a aprendizagem de um conceito novo (Moreira, 2013; Paixão & Ferro, 2008).

Algumas condições são necessárias para que a aprendizagem significativa ocorra. A literatura sobre o tema destaca três condições: o material novo precisa se relacionar de alguma forma com a estrutura cognitiva do estudante; o material deve também ser potencialmente significativo e apresentar algumas características que possibilitem o estabelecimento de relações entre os conceitos e, por fim, o estudante precisa apresentar uma disposição positiva para aprender de forma significativa (Pelizzari, Kriegl, Baron, Finck, & Dorocinski, 2002).

No entanto, em muitas situações, os estudantes podem não dispor dos subsunçores necessários para a aprendizagem de um novo conteúdo. Em situações como essas, os professores podem se utilizar de organizadores prévios. Os organizadores prévios são materiais introdutórios, abstratos, inclusivos e mais gerais do que o material a ser aprendido. Para que eles cumpram sua função devem ser apresentados aos alunos sempre antes do conteúdo novo. Uma introdução, uma imagem, uma analogia, uma simulação são exemplos de organizadores prévios. Ao desempenharem a função de preencher o espaço entre aquilo que o estudante já sabe e o que precisa conhecer os organizadores prévios facilitam a aprendizagem significativa (Moreira, 2012; Paixão & Ferro, 2008).

Na década de 1970, Joseph Novak também desenvolveu um recurso facilitador da aprendizagem significativa e o nomeou de mapa conceitual. O mapa conceitual pode ser definido como um diagrama que indica relações entre conceitos ou entre palavras (Moreira, 2012, 2013; Novak, 1990). O mapa conceitual tem sido utilizado no contexto educacional brasileiro de uma forma bem flexível. Entre as possibilidades de utilizá-lo, destacam-se as que se seguem: como uma estratégia metodológica inovadora, como uma estratégia de aprendizagem, como uma ferramenta avaliativa e como um organizador curricular (Góes & Boruchovitch, 2017).

Como uma estratégia metodológica inovadora, o professor pode adotar o uso do mapa conceitual para explicar os conteúdos e de que forma eles se relacionam (Silva, Lima, & Santos, 2017). Como estratégia de aprendizagem, os estudantes podem utilizar o mapa conceitual para aprender de maneira mais significativa o conteúdo, buscando estabelecer relações entre os conceitos a serem aprendidos. Como uma ferramenta avaliativa, o professor pode utilizá-lo para avaliar a aprendizagem dos alunos. Por fim, como organizador curricular, o professor pode organizar os conteúdos que serão trabalhados durante o ano letivo em um mapa conceitual, para que os alunos consigam compreender as relações entre esses conteúdos, o que nem sempre conseguem, sem um organizador prévio (Souza & Boruchovitch, 2010).

O mapa conceitual é um recurso extremamente rico enquanto uma estratégia de aprendizagem. Além de possibilitar a aprendizagem significativa, ele auxilia no armazenamento e na recuperação da informação, pois ao desenvolver um mapa conceitual, o estudante confere uma organização pessoal ao conteúdo a ser aprendido. Ao propor uma organização mais pessoal do conteúdo, tanto o armazenamento quanto a organização do conteúdo se tornam mais fáceis, já que o conteúdo passa a ter mais sentido para os estudantes.

Para que um diagrama seja considerado um mapa conceitual ele precisa apresentar algumas características. Mapas conceituais são compostos por conceitos, palavras de enlace e proposições. A escolha dos conceitos deve ser cautelosa, pois é preciso selecionar aqueles que de fato contribuem para a compreensão do texto. O estudante, ao construir o mapa conceitual, deve ter clareza e saber identificar os conceitos principais, diferenciando os dos secundários no mapa conceitual. Sugere-se que sejam selecionados de 6 a 10 conceitos para a construção do mapa conceitual. No entanto, isso irá depender do tamanho e da complexidade do texto.

As palavras de enlace são fundamentais, pois são elas que conferem significado para as relações entre os conceitos. Essas palavras não estarão necessariamente no texto. Caberá aos estudantes criá-las para que possam atribuir significado pessoal para as relações estabelecidas. As palavras de enlace serão colocadas nas linhas que conectam um conceito a outro. Elas são concisas (uma ou duas palavras) e normalmente contêm um verbo.

As proposições são formadas por dois ou mais conceitos relacionados com palavras de enlace. Servem para atribuir relações mais fortes entre os conceitos e contribuem para uma aprendizagem mais significativa. Quando o estudante consegue criar proposições, isso demonstra que ele compreendeu profundamente as relações entre os conceitos. As proposições, assim como as palavras de enlace, são formadas por poucas palavras criadas pelos estudantes. Todas as partes que compõem o mapa conceitual devem ser diferenciadas de alguma forma por quem o constrói, seja utilizando canetas coloridas, formas geométricas ou colagens de papéis com cores distintas.

Os mapas conceituais podem apresentar uma estrutura unidimensional e bidimensional. Na estrutura unidimensional os conceitos são apresentados em formato de lista na posição vertical e são poucas as relações entre os conceitos. Já na estrutura bidimensional as conexões entre os conceitos são horizontais e verticais, o que favorece uma visão mais ampla da inter-relação entre eles. Quanto mais relações o estudante conseguir estabelecer entre os conceitos, mais significativa será a sua aprendizagem e mais fácil será a recuperação da informação quando solicitada.

Por ser uma construção pessoal, não existem mapas conceituais certos ou errados. O que existem são mapas com uma grande demonstração de conhecimento e outros com pouca (Tavares, 2007). Um mapa conceitual nunca será igual ao outro, pois cada um fará a sua construção mediante os seus conhecimentos prévios e suas interpretações pessoais. É essencial que o mapa conceitual seja apresentado por quem o constrói, só assim será possível compreender as relações estabelecidas entre os conceitos e como o estudante aprendeu.

Observação: as referências bibliográficas utilizadas para a elaboração deste texto encontram-se ao final do capítulo.

Fonte: Autoras (2020), com base na literatura da área.

Quando o texto "Mapas conceituais: uma ferramenta para a promoção da aprendizagem significativa" foi utilizado pela primeira vez para a construção dos mapas, questionou-se como os estudantes conseguiram aprender mais sobre mapa conceitual e a teoria que o fundamenta. Além disso, indagou-se sobre a eficácia do mapa conceitual para aprender, se eles ensinariam seus futuros alunos a utilizar mapas conceituais e qual a percepção que tiveram com a sua construção. Participaram da primeira aula, com este texto, 13 estudantes de diferentes cursos de licenciatura de uma universidade do interior do Estado de São Paulo. Os resultados revelaram, de modo geral, que a maioria dos estudantes (77%) considerou que construir um mapa conceitual utilizando um texto com os seus fundamentos teóricos favoreceu a aprendizagem. Justificaram essa resposta dizendo que conseguiram entender melhor a importância do mapa conceitual para a aprendizagem. Eles afirmaram que a elaboração do mapa permitiu estabelecer relação e hierarquia entre conceitos com mais clareza e eficácia, favorecendo a compreensão e a retenção de informações e conteúdos, o que tornou a aprendizagem mais significativa. A necessidade de utilizar as palavras de enlace para a construção do mapa conceitual foi tida como um elemento facilitador da compreensão e da aprendizagem. Por fim, o formato grupal de trabalho foi também apontado como um aspecto positivo da proposta de trabalho com o mapa conceitual.

Ao serem indagados se ensinariam o mapa conceitual aos seus futuros alunos, os estudantes, em sua maioria (69%), disseram que sim. Dentre as justificativas para incluírem o uso de mapas conceituais em sua prática pedagógica mencionaram que ele promovia a autonomia, a interação entre grupos, o aumento da motivação e a capacidade de síntese. Alguns estudantes informaram que talvez não o incluíssem em sua prática pedagógica por demandar muito tempo. Ressaltaram também a importância de considerar as características da turma para propor ou não o uso dos mapas conceituais. Em geral, os estudantes apresentaram percepções favoráveis à utilização do mapa conceitual, que foram evidenciadas quando definiram a atividade de elaboração do mapa conceitual como desafiadora (7,14%), surpreendente (14,28%), interessante (50%), construtiva (7,14%) e divertida (21,43).

Os relatos advindos dessa pequena amostra de participantes apontaram a importância do mapa conceitual para a aprendizagem, bem como confirmaram que o texto sobre mapa conceitual pode ser valioso para aprendizagem ao ser usado para a construção de mapas conceituais. Assim, sugere-se que o texto "Mapas conceituais: uma ferramenta para a promoção da aprendizagem significativa" seja reutilizado em outros contextos e em amostras maiores. A experiência com o mapa conceitual entre professores dos ensinos Fundamental e Médio será relatada a seguir.

A experiência com mapa conceitual com professores dos ensino Fundamental e Médio

A formação em mapas conceituais oferecida pela primeira autora aos professores ocorreu em novembro de 2017 e contou com a participação de seis docentes, três do Ensino Fundamental e três do Ensino Médio de uma escola pública do interior do Estado do Paraná. Ao participarem da formação sobre o mapa conceitual enquanto um recurso para aprendizagem, os professores relataram que desconheciam a teoria que fundamenta o mapa conceitual, a Teoria da Aprendizagem Significativa. Disseram que construíam seus mapas de maneira errada, não incluindo as palavras de ligação entre os conceitos. Quando questionados sobre como solicitavam que seus alunos construíssem mapas conceituais, informaram que ofereciam uma estrutura pré-formada e os estudantes preenchiam os conceitos que faltavam, como se fosse uma atividade de completar.

Os relatos dos professores, um ano após a formação em mapas conceituais, evidenciaram que eles conseguiram ensinar os mapas conceituais aos seus alunos, relacionando-o aos conteúdos de suas respectivas disciplinas. Ademais, eles relataram que ficou mais fácil, até mesmo para eles, construir mapas conceituais, quando precisam aprender algum conteúdo novo. Esses achados reforçam a necessidade de que se ensinem os professores a utilizarem mapas conceituais como uma estratégia de aprendizagem, para que possam também ensinar seus alunos a usá-lo corretamente. Maiores detalhes sobre como se deu esta formação em mapas conceituais para professores podem ser encontrados em Góes e Boruchovitch (2019).

Considerações finais

O objetivo do presente capítulo foi relatar as experiências provenientes do emprego do mapa conceitual em três diferentes segmentos da escolarização: estudantes do Ensino Médio, estudantes de graduação e professores dos ensinos Fundamental e Médio. Por meio das respostas dos estudantes e professores, aos diferentes instrumentos de coleta de dados, foi possível constatar que o mapa conceitual parece ser um importante recurso para a aprendizagem nessas amostras. Os dados provenientes das experiências relatadas no presente capítulo atestam a eficácia e a necessidade de ensinar sobre como utilizar os mapas conceituais.

Ensinar diferentes estratégias de aprendizagem, demonstrar seus benefícios, promover momentos de troca de informação sobre a própria aprendizagem e estimular um ambiente cooperativo visando à aprendizagem deveriam ser o foco da educação escolar e universitária. No entanto, o que se observa, ainda hoje, é a ausência de um olhar mais atento aos conhecimentos metacognitivos dos estudantes e uma maior preocupação com a transmissão de conteúdos. Espera-se que os resultados promissores obtidos com a experiência de formação em mapas conceituais estimulem o desenvolvimento de um número maior de ações formativas para potencializar a aprendizagem estratégica entre os estudantes da educação básica, futuros professores e professores em exercício.

Referências

Ausubel, D. P. (2003). *Aquisição e retenção de conhecimentos: uma perspectiva cognitiva* (L. Teopisto, trad.). Lisboa: Plátano.

Boruchovitch, E., & Gomes, M. A. M. (2019). *Aprendizagem autorregulada: como promovê-la no contexto educativo?* Petrópolis: Vozes.

Góes, N. M., & Boruchovitch, E. (2017). O uso do mapa conceitual na formação de futuros professores em disciplina de estágio supervisionado: um relato de experiência. *Psicologia, Ensino & Formação, 8*(2), 53-62.

Góes, N. M., & Boruchovitch, E. (2019). Orientações teóricas e práticas para trabalhar o mapa conceitual em sala de aula. In: E. Boruchovitch., & M.A.M. Gomes. *Aprendizagem autorregulada: como promovê-la no contexto educativo?* (pp. 192-211). Petrópolis: Vozes.

Moreira, M. A. (2012). Mapas conceituais e aprendizagem significativa. *Revista Chilena de Educação Científica, 4*(2), 38-44.

Moreira, M. A. (2013). Aprendizagem significativa em mapas conceituais. *Texto de apoio ao Professor de Física, 24*(6), 1-55.

Novak, J. D. (1990). Concept maps and Vee diagrams: two metacognitive tools to facilitate meaningful learning. *Instructional Science, 19*(1), 29-52.

Paixão, M. S. S. L., & Ferro, M. G. D. (2008). A teoria da aprendizagem significativa de David Ausubel. In: M. V. C. Carvalho., & K. S. A. L. Matos. *Psicologia da educação: teoria do desenvolvimento da aprendizagem em discussão*. Fortaleza: UFC.

Pelizzari, A., Kriegl, M. L., Baron, M. P., Finck, N. T. L., & Dorocinski, S. I. (2002). Teoria da aprendizagem significativa segundo Ausubel. *Revista PEC, 2*(1), 37-42.

Silva, K. R., Lima, M. D. O., & Santos, L. F. (2017). Utilização de mapas conceituais como estratégia de inovação metodológica: relato de experiência. *Revista Docência do Ensino Superior, 7*(1), 11-26.

Souza, N. A. S., & Boruchovitch, E. (2010). Mapas conceituais: estratégias de ensino/aprendizagem e ferramenta avaliativa. *Revista em Educação, 26*(3), 195-217.

Tavares, R. (2007). Construindo mapas conceituais. *Ciências & Cognição, 12*, 72-85.

Posfácio

Pesquisas atestam a relevância das estratégias de aprendizagem para o sucesso escolar e acadêmico. Alinhada a esta premissa, a presente obra foi organizada com a finalidade de apresentar ao leitor um conjunto sólido de orientações e atividades sobre como ensinar e promover o uso de estratégias de aprendizagem, cognitivas e metacognitivas no contexto educativo. Fortemente baseado em atividades autorreflexivas e em evidências sólidas de pesquisas, acredita-se que o conteúdo do livro contribuirá para o fortalecimento das estratégias de aprendizagem dos estudantes, de diferentes segmentos da escolarização formal, em enfoque preventivo, no cotidiano das salas de aula. Certamente, os temas abordados em seus capítulos são valiosos não só para professores da educação básica e docentes de cursos de licenciatura que formam futuros professores, mas também para pesquisadores, educadores, psicopedagogos, psicólogos escolares e gestores educacionais, entre outros profissionais que se preocupam com a melhoria da aprendizagem.

Agradecimentos

A primeira autora agradece à Capes pela bolsa de doutorado concedida, e a segunda ao CNPq pela bolsa de Produtividade em Pesquisa.

Conecte-se conosco:

 facebook.com/editoravozes

 @editoravozes

 @editora_vozes

 youtube.com/editoravozes

 +55 24 2233-9033

www.vozes.com.br

Conheça nossas lojas:

www.livrariavozes.com.br

Belo Horizonte – Brasília – Campinas – Cuiabá – Curitiba
Fortaleza – Juiz de Fora – Petrópolis – Recife – São Paulo

  Vozes de Bolso

EDITORA VOZES LTDA.
Rua Frei Luís, 100 – Centro – Cep 25689-900 – Petrópolis, RJ
Tel.: (24) 2233-9000 – E-mail: vendas@vozes.com.br